TOKYO キラリと光る商店街

専門家が診るまちづくり成功のポイント

一般社団法人 東京都中小企業診断士協会認定
商店街研究会：編著

同友館

商店街研究会の
10周年記念発刊にあたって

商店街研究会顧問（前会長）　柳田　譲

平成14年6月、私たちは自ら商店街を支援し、その活性化、賑わい、まちづくりにかかわっている、もしくはこれから取り組んでいこうという中小企業診断士の仲間数十名で、商店街研究会を立ち上げました。

それから10年の月日が経ちましたが、この間、毎月のように例会を行い、元気のある商店街や活性化に向けてさまざまな取組みをされている商店街を数多く訪問し、現場での有意義な成功談や苦労話を聞くことを通じて、商店街の成功のポイントを研究してきました。

また、さまざまな勉強会を通して、斯界の有識者や研究者からの研究成果や取組み事例をお聞きするなど研鑽に努め、そうした成果をもとに、研究会として具体的な商店街への指導・提言も行ってきました。

現在、全国の商店街の数は年々減少し、商店街への来街者数も少なくなっている危機的な状況にあります。こうした現状を少しでも打開するために、書籍の出版を通じて、この10年間で積み上げてきたアイデアや参考事例を紹介することが、私たち商店街研究会の使命ではないかという結論に至りました。

今回、10年という1つの大きな節目を迎えるにあたり、同友館様のご理解、ご協力を得て、私たちのこうした長年にわたる研究の成果をまとめることができました。

本書では、各論において商店街の活性化、賑わい、まちづくりに向けた各種の取組み事例を、カテゴリーごとに紹介しています。その中には、成功の秘訣や工夫、さらには商店街のリーダーの皆さんの努力が活写されています。

こうした研究の成果が、全国で商店街の活性化に取り組まれている皆さんや行政担当者の方々、お手伝いをされているコンサルタントの皆さんに少しでも参考になれば、これに勝る喜びはありません。

私たちの目標は、商店街の活性化であり、賑わいを取り戻すことです。多くの人たちが楽しめる商店街づくりのお手伝いをしたいという私たちの取組みは、まだまだ道半ばではありますが、今後ともたゆみなく取り組んでまいりたいと決意を固くしています。

最後に、対談に快くご参加いただいた東京都商店街振興組合連合会理事長の桑島俊彦様に厚く御礼申し上げますとともに、本書の執筆に携わった研究会の先生方、また訪問、取材などにご協力いただいた商店街の各会長ほか皆様、編集の労をおとりいただいた同友館編集部の皆様の多大なご協力に対し、研究会を代表し、厚く御礼申し上げます。

柳田　譲

目次

第３章　ブランド・逸品を育てる

第４章　先端ＩＴを駆使した絆づくり

第5章　レトロな外観、雰囲気で情緒を楽しむ

第6章　アンテナショップによる交流づくり

対談

地域の"絆づくり"に頑張る商店街
25事例から今後の活路を探る

桑島 俊彦 × **柳田 譲**

東京都商店街振興組合連合会理事長
(株)全国商店街支援センター代表取締役社長

商店街研究会顧問

本書で取り上げた25の商店街の取組みから見えてくるのは、地域コミュニティの担い手として懸命に取り組む商店街、そしてそれを応援する市民や行政、中小企業診断士の姿だ。

ここでは、全国区で活躍する商店街のカリスマリーダー、東京都商店街振興組合連合会理事長・桑島俊彦氏（商店街サイド代表）と、商店街支援のエキスパート・柳田譲氏（サポーターサイド代表）の対談の内容を紹介したい。対談では、本書の事例商店街、そして商店街研究会が歩んだこの10年を振り返るとともに、今後の商店街活性化への方向性を提言いただいた。

（聞き手・構成：河合 陽子）

コミュニティを支える、公共的役割の担い手に

―――商店街研究会発足から10年となりますが、振り返って感想はいかがでしょうか。

柳田　私どもは、平成14年9月の方南銀座商店街（東京・杉並区）の視察を皮切りに、50ヵ所を超える商店街視察や専門家を交えた各種勉強会を重ねてきました。本書はその活動の1つの集大成として、桑島理事長の地元・烏山駅前通り商店街をはじめ、都内の25商店街の取組み事例を6つのカテゴ

リーごとにまとめたものです。

本書が、広く商店街の役員の皆さんや商店街支援に関係する方々にとって、地元商店街で活性化事業を行ううえでの切り口やヒントになればと願っています。

桑島　私もちょうどその頃、12年前に東京都商店街振興組合連合会の理事長に就任いたしました。当時は都の商店街予算は削減の方向にあり、就任早々から、知事部局や都議会にその必要性を訴えて歩いたものです。

そのかいあって、都議会に商店街振興議員連盟が新規発足するなど、徐々に商店街への理解が深まり、就任当時は約7億円ほどだった都の商店街関連予算も、平成15年度予算では16億5千万円規模へと拡充され、さらにその後も毎年上積みが続き、平成24年度は総額42億5千万円ほどとなっています。

柳田　実は、私ども研究会が10年前に発足したのも、都が新規に商店街パワーアップ作戦事業をスタートさせたことがきっかけです。中小企業診断士が100名程度必要との都の呼びかけもあり、これを機にと、東京支部に商店街研究会を立ち上げました。本書の事例の中にも、こうした都の商店街予算を活用した事業が多数あります。

桑島理事長による商店街予算拡大へのご努力が、私どもサポーターの支援活動、そして本書の事例商店街をはじめとした、ここ10年の成功事例商店街の創出につながっているわけですね。

桑島　しかし、全国的に見れば東京都は別格で、その他46道府県の商店街関連予算は大変厳しい状況です。国家予算においても、農業・漁業などの第一次産業に比べ、商業関連予算は、売上規模に照らしてもあまりに少ない。中小零細企業の集まりではありますが、商店街は日本の小売商業の雇用・売上ともに、おおむね４割を担う組織です。国・地方いずれにおいても、その規模と役割に見合った予算をつけてほしいものです。

———では、商店街にはどんな役割が期待されているのでしょうか。

桑島　もっとも重要なものは、公共的役割です。たとえば、商店街イベントは、地域の文化伝承や絆づくりに大きな役割を果たしています。都内では、2,700商店街のうち1,800商店街が、都の「新・元気を出せ！商店街事業」の助成を得て、活発にイベントなどを展開しています。また、街路灯の地球環境配慮型のLED（発光ダイオード）照明化においては、私の地元・烏山駅前通り商店街では、設置費用の９割を都と区が助成してくれました。このほか、地域の安全安心を支える防犯カメラやAED（自動体外式除細動器）の設置、食育や教育機能、子育て・高齢者支援など、いずれも東京都では、商店街予算が大変有効に活用されています。

柳田　本書の事例商店街の活動を見ても、こうした公共的役割を活動テーマとしたものが多いですね。そもそも地域密着型の商売をしていれば、自然に地域にふれあいが生まれ、コミュニティの絆づくりに貢献している面もあるのではないでしょうか。

桑島　特に地元高齢者への対応は、コンビニやスーパー、ドラッグストアなどのチェーン店には絶対にできない、商店街ならではの機能です。私の店にも、毎日１、２点買い物をしては、30分ほど話して帰っていくお年寄りがおられます。一方で、地域に絆のないお年寄りが、寂しさゆえに万引きをする例も増えています。

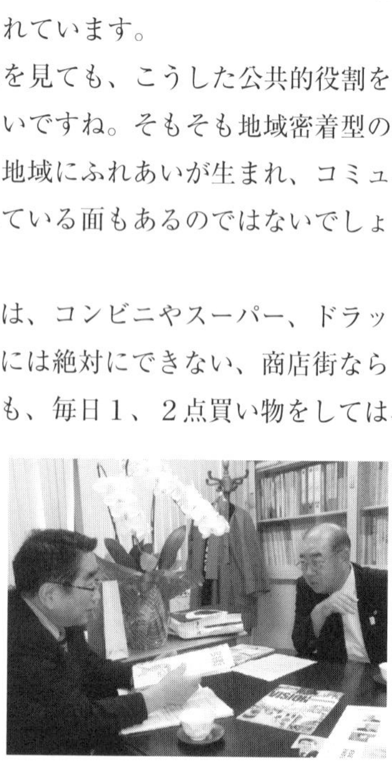

　商店街が元気なところ

街をヨコ串でつなぐ 地域経営のリーダーに

桑島　俊彦（くわじま　としひこ）

1941年生まれ。東京都商店街振興組合連合会理事長。（株）全国商店街支援センター代表取締役社長などの要職を兼務。地元・烏山駅前通り商店街のスタンプ事業は、「烏山方式」として全国の商店街のモデルとなった。平成24年春の叙勲では、こうした商店街の振興発展と組織の育成強化に尽力した功績により、旭日中綬章を受章。

は、犯罪や自殺、孤独死が少ないとの統計もありますが、こうした公共的役割の効果は、金銭的な数字では測れないものです。しかし、これに前向きに対応していくことこそが、商店街の重要な役割だと思っています。

柳田　昨今の商店街関連の支援事業では、申請時に売上高調査を要求する動きも見受けられます。しかし、おっしゃるとおり、商店街事業の成果は、こうした経済的価値の数値目標だけでは測り切れない面がありますね。

桑島　加えて、こうした行政助成は通常、長くても3年ほどで終了してしまいます。特に、福祉や教育などの分野は、効果を上げるには長期的な取組みが必要です。商店街事業の果たすこうした社会的価値も踏まえて、より長期のスパンでの支援措置をお願いしたいところです。

――商店街が公共的役割を担うことは、行政にもメリットがあるはずですね。

桑島　まず、行政コストを削減できるメリットがあります。たとえば、明大前商店街（東京・世田谷区）では、商店街主導で民間交番を開設し、パトロール活動なども継続的に行うことで、地元警察署管内でワーストワンだった治安をベストワンへと改善しています。その活動にかかる年間経費はわずか300万円で、区が人件費・家賃の一部を支援し、そのほかは地域からの寄付でまかなっています。これに対して、官が担う交番の年間経費は1億円とも言われますので、商店街が担うほうが費用対効果は抜群に良いわけです。これをモデルとした民間交番が、全国で4,000ヵ所、パトロール活動は4万ヵ所など、波及効果も広がっています。

明大前商店街では、治安の改善とともに地価も上昇しています。国の中心市街地活性化事業で再開発に取り組む高松丸亀町商店街（香川・高松市）では、再開発ビルの建物の固定資産税評価額が、従来比9倍あまりにもなったとか。商店街活性化は、自治体にとっては税収増にもつながるわけです。

地元住民の声を政治・行政へ“ボトムアップ”

——公共的役割を果たすには、地域と連携していくことも重要ですね。

桑島　都内商店街では、地元消防署と防火・防災関連情報の共有化を推進する連携協定の締結が広がっています。消防や警察、環境、福祉などの公共的な分野は、地域内でも、行政機関・地域団体とも意外に、分野ごとのタテ割りとなっています。そんな組織間を、ヨコ串で横断的につなぐ——商店街は、そんな地域マネジメントのリーダーとしての役割を担えると思います。

柳田　たしかに、厳しい経営環境下で商店主にも余裕がない中では、地域と連携して商店街事業を展開していくことは、今後の重要なカギだと考えます。その一方で、外部から出店してきた商業者に対し、あるいは組織外部の地域団体に対して、排他的な商店街もあるように見受けます。そんな際、中小企業診断士は、商店街外部の人間だからこその強みを活かして、

きらりと光る商店街、店、人を応援したい

柳田　譲（やなぎだ　ゆずる）
1947年生まれ。（有）柳田コンサルティング事務所代表取締役。中小企業および金融機関へのコンサルティング・再生支援のほか、特に東京都内の商店街診断・活性化支援を数多く手がける商店街支援のエキスパート。商店街研究会顧問（初代会長）（株）全国商店街支援センターの繁盛実践パートナー、中小企業診断士の実務研修指導員なども兼務。

商店街と新規出店者・地域団体をつなぐ調整役を担えると思います。

桑島　特にその点では、「よそ者、若者、バカ者、女性」などの活用を訴えているところです。外部者としての目を持つ、客観的な人を大切にしなければなりません。私の地元・世田谷区では、商店街活動に全国展開のチェーン店なども取り込もうと、平成16年に全国に先駆けて、商業者の地元商店街への加入を促進する条例を施行し、地域商業者の結束に成果を上げているところです。

また、市民参画という意味では、烏山駅前通り商店街では、市民が提案した遮熱型のバリアフリー歩道化案を行政に持ち込み、商店街ハード整備事業として実現させました。地元住民の声をボトムアップして行政・政治につなげることも、商店街の重要な役割です。

昨年の東日本大震災後は、全国各地の商店街が、被災地物産の応援販売や募金活動を実施しています。烏山駅前通り商店街の募金活動にも、3,000万円あまりもの募金が寄せられているんですよ。これも、地元住民の商店街への信頼の証です。

柳田　被災地に限らず、地方産地にとって、東京都は有望な巨大マーケットですので、東京でものを売りたいという大きなニーズがあります。スーパーで売っていないものが手に入るので、地元消費者にも喜ばれます。このように、地方都市と都内商店街とをつないだり、都内商店街同士をつないで成功例をヨコ展開していったりといったお手伝いをしていきたいですね。

まちの“最大公約数”を背負えるリーダーを

――今後の商店街事業の重点課題は、何でしょうか。

桑島　活性化への最大のカギとなるのが、個店の魅力創出と商店街リーダーの育成です。

まず個店については、１つの商店街で５、６店舗でもキラリと光って集客力がある店があれば、商店街全体の活性化を後押しできます。私が代表取締役社長を務める全国商店街支援センターでは、個店支援事業において、売上・利益管理、業態変更、店舗レイアウトなどを支援する専門家を個店に派遣しています。そこでは、中小企業診断士の先生方にも、ぜひお力添えいただきたいですね。

柳田　個店を税金で支援することに、行政側にはかつては抵抗があったようですが、10年ほど前からの都の施策を見ていると、商店街活性化にはまずは個店の活性化が必要だという流れにあるように感じます。商店街やその個店は、情報発信面で弱い部分がありますので、中小企業診断士としても、今後はそこを積極的に支援していきたいですね。

桑島　まちなか観光の推進も、今後の重点課題の１つです。つまみ食いウォークなどで、商店街を旅することをテーマとしていきたいですね。国内のお菓子の小売金額約３兆2,500億円のうち、約４割あまりを旅行関連の支出が占めると言われます。人が旅行する、来てくれることで、何らかの消費が生まれるわけです。

観光資源がないまちでも、文化や賑わいを新たに作ればいい。まちなみ美観向上のためのファサード整備事業、外国人観光客対応のための銀聯カード導入などに商店街として取り組み、個店を後押ししていきたいですね。

――商店街リーダーの育成については、いかがでしょうか。

桑島　まちづくりのベクトルは、ハート、ハード、ソフトがカギです。特にハード、ソフトに先駆けてハート、つまりは商店街内の人間関係を豊かにする、信頼関係を培える商店街リーダーが必要です。

商店街リーダーは、人材育成事業で育成しなければできない時代です。世田谷区では商人塾や商店街経営学校を、東京都商店街振興組合連合会では商店街大学を、10年来実施しています。そして、全国商店街支援センターにおいても、昨年から商店街リーダーづくりの新事業を全国展開しています。

柳田　おっしゃるとおりです。これまで10年間、50商店街の視察を振り返ってみると、良い商店街には、やはり良いリーダーがいたと感じます。人づくりが、商店街活性化への今後の最大の課題ではないでしょうか。

たとえば、戸越銀座商店街（品川区）では、大型店での修業を経て商店主となったリーダーが、前職で得たマーケティングやマネジメントなどの知識を持って活躍している。でも、こういったバックグラウンドがなくても対応できるように、人材育成を商店街として実施していくことが必要ですね。民間企業と同じように、若手が学ぶ場、さらには活躍できる場を提供していくことが重要ではないでしょうか。

桑島　ただし、マーケティングやマネジメント能力は重要ではありますが、人がついてこなければ意味がないんです。後ろを振り返ったら誰もついてこなかった、では困るわけです。人心を掌握し、いかに人を動員できるか。地域の最大公約数を背負えることが、商店街リーダーの重要な資質です。

出る杭は打たれる。でも、打たれないように、ときには我慢しなければ。手柄は人に与えて、人の誤りを許す。感情をむき出しにしたらおしまいです。一国一城の主による横並びのフラットな組織の中で、リーダーシップをとるのは大変なことです。

柳田　企業などの組織では、肩書きに応じたトップダウンでリーダーシップを発揮できるところですが…。商店街組織がまとめにくいというのは、そのあたりにあるわけですね。

“地域を担う誇り”で活性化へ“善循環”

———最後に、今後の商店街活性化へ向けての抱負をお話しください。

桑島　商店街関係者には、地域を担う“誇り”を持ってほしいですね。そのために、今後も商店街を取り巻く環境を整えて、商店街の社会的地位の向上を図っていきたいです。

ここ7、8年の流れを見ると、平成21年の地域商店街活性化法の施行をはじめ、商店街ハード整備時の連帯保証制度の負担軽減、事業承継税制の改善など、行政からも市民からも、商店街に大きな期待が寄せられつつあると実感しています。また世田谷区では、商店街加入促進条例を受け、大手流通系ミニスーパーが全店加入を申し出るなど、大手企業にも企業市民として、地元商店街に積極的に協力しようとの機運が高まっています。こうして、地域社会に良い意味での影響力を持つことは、商店街リーダーや役員のやりがいにもつながります。

柳田　商店街の社会的地位が高まれば、優秀な人材・店も商店街組織に入ってきて、それが地域全体の活性化につながる善循環が生まれてきますね。自分のまちに誇りと愛着を持って頑張っている商店主の方を見ていると、われわれも応援したいという思いを強くします。これからも、そんな商店街の方々のアドバイザーとして、あるいは商店街と地域をつなぐ調整役として、ぜひサポートしていきたいです。

———本書が、読んだ方のお地元商店街での善循環へのきっかけになるといいですね。本日は、貴重なお話をどうもありがとうございました。

商店街の厳しい現状と賑わいづくりへの取組み

総論

相楽　守

◆商店街の現状

人の住むところに、商店があり、商店が集まっているところが商店街と言われる。全国には約14,000の商店街があり、そこにある商店（従業者４人以下の小規模店）は約78万店である。残念ながら、スーパーマーケットなどの大型店やチェーン展開の新業態の店に押され、現在は減少の途にある。

また、「大型店は動物で、商店街は植物」とも言われる。「大型店は獲物を求めてそこに出店し、餌を食べ尽くすとよそに移転してしまう。一方の商店は、種をまき、水をやり、肥料を与え、雑草を取り除いて収穫する。それをくり返す」という意味で、これはまさに商店街の存在と今後の生きる道を示している。

最近の商店街の景況

表１にあるように、繁栄・やや繁栄を合わせても７％程度、衰退・やや衰退合計が約70％というのが東京地区の商店街の現状であり、東京以外の各地域はこれ以上に厳しい。

表１

	平成19年	平成22年
繁栄している	1.4%	2.4%
やや繁栄している	5.9%	4.9%
良くも悪くもない	22.0%	19.0%
やや衰退している	46.7%	45.9%
衰退している	22.2%	23.5%
無回答	1.7%	4.6%

出典:「平成22年度東京都商店街実態調査報告書」東京都産業労働局

「商店街がなくても、スーパーがあれば困らないと思う」

最近の調査では、下記の質問に対し、ショッキングな回答があった。

Q：商店街がなくなっても、「スーパーがあれば困らない」と思いますか？
A：困ることはない　48%
困ることがある　23%
どちらとも言えない　29%

出典:東京都商店街振興組合連合会調査(平成24年1月)

この調査結果は、たしかに現実として受け止めなければならないのだろう。しかし、スーパーや量販店、コンビニに対する商店・商店街の優位性は、「商品の良さ」、「店員との親しみ」、そして商店街に求めるものは、「特徴ある行ってみたい商店街」、「地域コミュニティの場としての商店街」であって、これらを活かしている商店・商店街は生き残っているし、賑わいを見せている。

そうした商店街の優位性を発揮するために、全国の商店街において日々、あらゆる取組みがなされているが、そうした中での成功事例のノウハウはどのようなものかについて、本書各論ではカテゴリーごとに紹介している。

訪ねてみたい商店街

表2

順位	商店街名	場 所	特 徴
1	巣鴨地蔵通り	東京都豊島区	寺の門前町、高齢者向けの品揃え、見やすい表示
2	元町ショッピングストリート	神奈川県横浜市	旧外人居留地、「ウチキのパン」は明治時代からの逸品
3	砂町銀座	東京都江東区	下町代表、「おかず横丁」、毎月の「ばか値市」

4	小布施中町	長野県小布施町	江戸風町並み、栗菓子などの特産品
5	吉祥寺サンロード	東京都武蔵野市	開閉式アーケード、一店逸品、コンシェルジェ

出典:日本経済新聞調査

表2のように、全国には特徴を持ち、人々が行きたくなる商店街がある。そこには、商店街のリーダーたちの長年の努力やさまざまな創意工夫があり、その結果として、まちの賑わいが見られる。

商店街の盛衰

商店街の歴史は、日にちを決めて「広場」にさまざまな品物を売る人が集まって始まったと言われる。いまで言う「市」であり、街道沿いに発達した宿場町や寺院が集まる門前町などがある。共通するのは、自然発生的にまちができ、栄えていたことである。

そして、現在の商店街の多くは、終戦後のまちの復興後、高度経済成長に伴う人口の増加や宅地化とともに再び発展した。商店街が一番輝いていた時代は、昭和30〜40年代であろう。

当時は、都市の中央部にあった商店街に一家揃って出かけることが、数少ない楽しみの1つでもあった。しかしながら、その後そうした繁栄は長くは続かず、一部の元気な商店街を除いて低迷・衰退が続いている。

その背景には、商店街を取り巻く環境が厳しくなっていることがあり、商店街を構成する店舗の廃業・撤退が相次いでいる。その結果、地方都市や郊外の商店街の中には、シャッターを降ろした店舗が立ち並び、シャッター通りと呼ばれるところも見られる。

◆商店街の抱える問題点

商店街を取り巻く外部環境

① モータリゼーションの進展

日本の高度経済成長は、国民の所得の向上とともに、自動車の普及によって、消費者の購買行動に大きな変化をもたらした。併せて、人口増加や地価高騰もあり、住民が中心市街地から郊外へと移転して、徒歩から自転車、自転車から自動車へと交通手段も変化し、いわゆるモータリゼーションが進展していった。

自転車の時代までは商店街も対応ができたが、自動車の時代になると、駐車場の問題に対応できない商店街は不利になっていった。

② ワンストップショッピング

消費者の購買行動も変化した。特に、昭和30～40年代は専業主婦が顧客の主流だったが、以降、有職主婦が増加するとともに、1ヵ所で買い物を済ませられるスーパーマーケットや、それを核とするショッピングセンターが支持されるようになってきた。いわゆる、ワンストップショッピング化の流れである。

③ 新業態の誕生

以前の流通業界では、商店街の対極には百貨店しか存在しなかったが、モータリゼーションの進展に伴い、自動車での来店を前提とした米国流のスーパーマーケットやドラッグストア、GMS（ゼネラル・マーチャンダイズ・ストア）、コンビニエンスストアなどの新業態が日本流にアレンジされて導入・支持されていった。

これらの新業態の中には、バイイングパワーを背景に低価格販売を実現し、消費者の支持を得て全国展開を図るチェーン店も現れてきた。その代表が、イトーヨーカドー、イオンなどのGMSである。

また、近年はインターネットの普及により、ネット通販が売上規模6兆円まで伸びてきている。

商店街内部の問題点

① 商店街の魅力喪失

商店街内部にも、さまざまな問題点が存在している。前記の小売業をめぐる新業態の出現などの急激な環境変化に対応しきれず、「商店街の魅力喪失」、「時代遅れ」などと指摘されるようになっている。

商店街最盛期のように、品物を店頭に並べていれば売れた良き時代は去り、時代の変化に乗り遅れてしまった商店街が多い。

② 個店の対応力の喪失

一方、個店レベルでも自己変革ができていない店主が多いという問題もある。たとえば、歴史のある商店で、経営革新や商店としての業態変換を選ばず、蓄積した不動産や金融資産を活用した貸ビル事業やマンション経営に移行してしまい、商店の経営は二の次という兼業商家になっている事例も多く見られる。こうなると、商店街活動にも消極的となり、守りの姿勢になってしまう。

また、高齢化社会を迎え、これまで商店の経営を支えていた既存顧客が高齢化し、新しい顧客の獲得が難しくなっている店も多い。

③ 後継者不足

店主の子どもは、経営に苦労している親を見て育つため、跡を継がずにサラリーマンになってしまうことが多い。高齢化した夫婦で細々と営業し、新たな時流に対応できない商店が増えている。

◆行政の商店街支援施策

商店街支援の変遷

商店街が行政の支援対象となったのは戦後間もなくで、中小企業対策の集団診断の1つに取り上げられたことに端を発する。戦後の混乱期を経て、1964年（昭和39年）に「小売商業商店街近代化事業」がスタートしたが、当時の日本は高度経済成長期にあり、商品を置けば売れる時代であった。そこで商店街は、インフラ整備や個店の改装、不足業種の補完による適正業種構成の確立などを通じて、商店街活性化や個店の近代化・合理化を推進した。

1973年（昭和48年）には「中小小売商業振興法」が施行されたが、内容はハード整備が中心だった。その後、1983年（昭和58年）に「80年代の流通産業ビジョン」が策定され、「コミュニティマート構想」が打ち出され、ソフト面も重視されるようになった。

1998年（平成10年）には「中心市街地活性化法」などの「まちづくり三法」が施行され、さらに、2009年（平成21年）には「地域商店街活性化法」が施行された。

地域商店街活性化法の成立

「地域商店街活性化法（商店街の活性化のための地域住民の需要に応じた事業活動の促進に関する法律）」は、商店街に対して「地域コミュニティの担い手」としての役割を期待し、そのために国は、商店街の実施する「地域の人々の生活利便性が向上する事業」や「住民間の交流活動が活発になるような事業」を支援しようとするものである。

従来、国の商店街支援策はハード事業、すなわち施設整備事業に対して行うものが多かったが、この法律ではハード事業とともに、ソフト事業にも重点が置かれていることが特徴と言える。支援事業の柱には、「商店街活性化基本計画」で認定された事業に対する国の補助率を３分の２（上限５億円）とすることなどが定められている。

さらに、株式会社全国商店街支援センターを設立し、そこを通じて、実際の支援活動を行えるようになっている。特に人材育成、ノウハウの提供、専門家派遣による支援コーチ、商店自立支援、地域卸売業機能の強化、地域産品の販路拡大などの事業を行うこととなった。

「商店街」の名前が入った法律が初めてできたことは、商店街に対する世の中の期待がそれだけ大きくなったことを示している。

◆商店街の活性化・賑わいづくりに向けて

商店街の事業課題と成功への秘訣

商店街の活性化に向けては、過去にさまざまな対策が講じられてきた。アーケード、カラー舗装、街路灯などのハード事業や、イベント、スタンプ事業、大売り出しなどのソフト事業などである。

しかし、ハード事業のみでは、その効果はせいぜい半年～１年程度で半減してしまう。また、ソフト事業で商店街のメンバーが頑張ってイベントを行っても、店舗の売上には貢献せず、疲労感だけが残って、やる気を失ってしまうケースもある。

では、同じようなハード事業やソフト事業を行っていても、なかなかうまくいかない商店街と成功している商店街では、どのような違いがあるのだろうか。成功している商店街の事例を通してその秘訣を学ぶことが、それを理解する１つの道であることは間違いない。

商店街の目指す役割から方向を考える

商店街は、「地域コミュニティの担い手」としての公共的役割を持つ地域の拠点である。高齢者が多い地域の商店街や、就学児童の通学路になっている商店街などでは、地域社会の安心・安全の担い手として、地域マネジメントのリーダーとしての役割を期待されている。

こうした地域コミュニティの役割を重要視する観点からは、商店街は単なる買い物の場ではなく、安心・安全を感じられる環境を提供する場、地域における伝統文化が伝承されるイベントや催事の場、地域住民の交流の場としての性格を持つことが求められている。商店街にとっては、地域と連携してさまざまな事業を展開していくことが、ますます重要になっていることを認識すべきである。

また、まちなか観光も今後の重要な課題である。観光資源と言われる目玉がないまちでも、これから新たに創っていくという取組みを推し進めることが大切だ。

商店街の活性化＝賑わいづくりの方策

商店街の活性化に向けたさまざまな取組みを通じて、賑わいづくりに成功している事例を学ぶことが、成功への１つの道であることは前に述べた。

私たち商店街研究会は、平成14年6月に発足してからの10年間に、東京都の50以上の商店街を実際に訪問し、商店街の会長ほか多くの関係者の方々から、成功に向けた事業や取組み事例、およびその工夫や努力について聞くことができた。

本書の各論では、その中で大いに参考となる25の事例を、**表3**のように6つのカテゴリーに分けて取り上げている。

そこからわかるのは、ハード面、ソフト面だけでなく、「ハート面」を加えた3拍子が揃うことの大切さである。そして、これらの事例を通して見えてくるのは、地域コミュニティの担い手として懸命に取り組む商店街の元気なリーダーの姿と、それを支え、応援する商店街の幹部や仲間、さらには地域住民や行政の支援、外部サポーターの応援である。

“賑わいのある商店街には、元気なリーダーがいる”
“そして、それを支える大きな仲間の輪がある”

買い物をし、サービスの提供を受け、飲食をして、楽しい時間を過ごし、幸せな気持ちになれる。そういったお客様の願いを叶えられるまちこそが、これからも生き残れる商店街となりうるのだろう。

表3

	カテゴリー	内容	取組み事例
1	スタンプ、イベント、キャラクターでもてなす	スタンプ、ポイントカード、ICカード、地域通貨、キャラクターなどで来街者をもてなす	世田谷区　烏山駅前通り商店街 世田谷区　ウルトラマン商店街 杉並区　南阿佐ヶ谷すずらん通り商店街 台東区　かっぱ橋本通り公西会商店街 江東区　深川資料館通り商店街
2	環境・高齢者・防災対策で安心・安全を提供する	リサイクル、エコステーション、LED街灯、宅配サービス、民間交番、防犯パトロール、防犯カメラなどで安心・安全を提供する	世田谷区・杉並区　下高井戸商店街 千代田区　神田駅西口商店街 豊島区　池袋本町四商店会 北区　滝野川市場通り商店街 板橋区　蓮根三商店会
3	ブランド・逸品を育てる	まちに愛着、こだわりを持つブランド商品、一店逸品、観光土産、B級グルメを育てる	世田谷区　東深沢商店街 港区　六本木商店街 台東区　上野商店街連合会 墨田区　墨田区＆おしなり商店街 板橋区　板橋イナリ通り商店街
4	先端ITを駆使した絆づくり	生活支援、買い物情報、Web、Twitter情報発信での絆づくり	杉並区　荻窪・教会通り商店街 品川区　青物横丁商店街
5	レトロな外観、雰囲気で情緒を楽しむ	江戸風・昭和風ファサード、お祭り、歴史文化伝承、映画看板、旧東海道風などで情緒を楽しむ	品川区　北品川商店街 台東区　奥山おまいりまち商店街 江東区　亀戸香取大門通り会 葛飾区　柴又帝釈天参道　柴又神明会
6	アンテナショップによる交流づくり	チャレンジショップ、地域との連携ショップ、取れたて村、各種直売所などによる交流づくり	立川市　立川南口中央通り商店会 杉並区　和泉明店街 板橋区　上板南口銀座商店街 板橋区　ハッピーロード大山商店街

TOKYO キラリと光る商店街 MAP

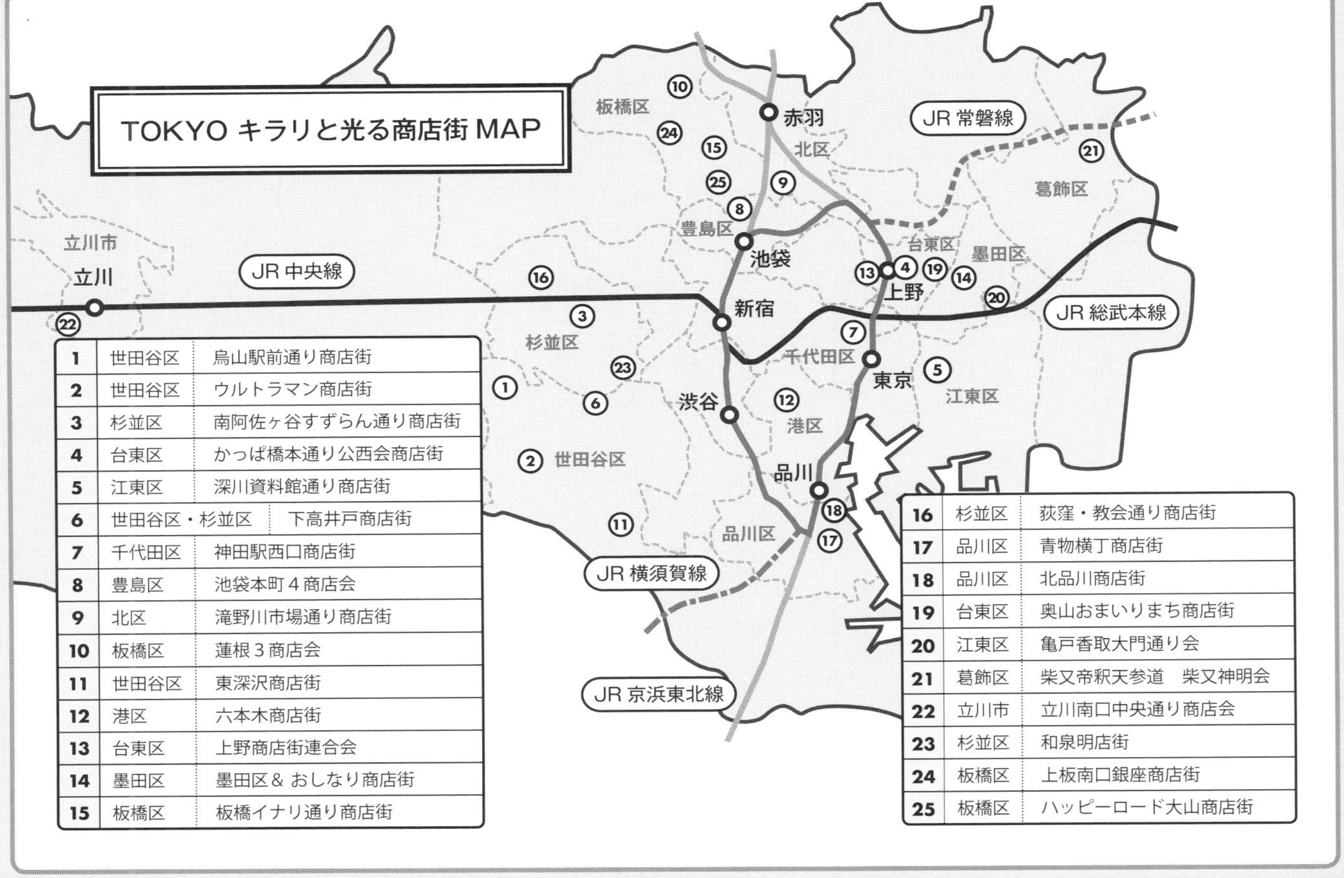

1	世田谷区	烏山駅前通り商店街
2	世田谷区	ウルトラマン商店街
3	杉並区	南阿佐ヶ谷すずらん通り商店街
4	台東区	かっぱ橋本通り公西会商店街
5	江東区	深川資料館通り商店街
6	世田谷区・杉並区	下高井戸商店街
7	千代田区	神田駅西口商店街
8	豊島区	池袋本町４商店会
9	北区	滝野川市場通り商店街
10	板橋区	蓮根３商店会
11	世田谷区	東深沢商店街
12	港区	六本木商店街
13	台東区	上野商店街連合会
14	墨田区	墨田区＆おしなり商店街
15	板橋区	板橋イナリ通り商店街

16	杉並区	荻窪・教会通り商店街
17	品川区	青物横丁商店街
18	品川区	北品川商店街
19	台東区	奥山おまいりまち商店街
20	江東区	亀戸香取大門通り会
21	葛飾区	柴又帝釈天参道　柴又神明会
22	立川市	立川南口中央通り商店会
23	杉並区	和泉明店街
24	板橋区	上板南口銀座商店街
25	板橋区	ハッピーロード大山商店街

第1章

スタンプ、イベント、キャラクターでもてなす

世田谷区｜烏山駅前通り商店街
世田谷区｜ウルトラマン商店街
杉並区｜南阿佐ヶ谷すずらん通り商店街
台東区｜かっぱ橋本通り公西会商店街
江東区｜深川資料館通り商店街

烏山駅前通り商店街

アイデアで勝負する、スタンプ事業の全国モデル“烏山方式”

川居　宗則

○烏山駅前通り商店街の概要

商店街を取り巻く環境

烏山駅前通り商店街は、東京都世田谷区西部に位置し、京王線千歳烏山駅周辺を中心にして南北にまたがる延長約1.7㎞の商店街である。南北1.5㎞、東西1㎞を商圏と捉え、商圏人口は約7万人となっている。

千歳烏山駅での乗降客は1日平均7万5千人、通行者は平均約1万人である。しかし、全国一の商業集積地と言われている新宿へは急行で13分、渋谷や吉祥寺へも20分程度で行ける位置にあり、購買流出への危機感を持つロケーションである。

愛称「えるもーる烏山」としてのまちづくり

「えるもーる」の“える”はライフ（LIFE)、“もーる”は木陰のある散歩道で、「暮らしの中の散歩道」の意味を持つ。これには、緑の中の散歩道をゆっくりと歩いているような、ゆとりある気持ちで買い物をしてもらおうという思いが込められている。

なお、当商店街において、まちづくりを陣頭で牽引している桑島俊彦理事長は、平成15年、全国商店街振興組合連合会理事長（現在は最高顧問）の要職に就き、平成21年より株式会社全国商店街支援センターの代表取締役社長を務め、地域商業を活性化する事業の支援を推進している。

○このまちのみどころ

烏山駅前通り商店街の北側には、烏山寺町と呼ばれる寺院が集まった地区がある。関東大震災後、浅草や築地・芝などから寺院が移転してでき上がったまちである。ここでは、春の桜をはじめ、四季折々の花を楽しむことができる。また、鴨が飛来する高源院の弁天池や、関東大震災で焼け残った大きな鐘のある妙寿寺、江戸の浮世絵師・歌麿の墓のある専光寺など、寺町を散策する人々も多い。ゆっくりとまち歩きをしたい場所である。

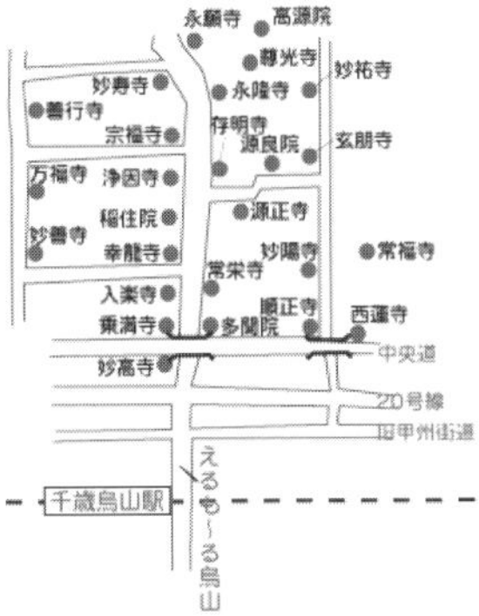

「烏山寺町」地区

高源院の弁天池

○スタンプ事業・ICカード事業の先駆け“烏山方式”

スタンプ事業の開始

当商店街のスタンプ事業は、昭和40年に進出してきた大型スーパーへ対抗するために開始された。当初、年間売上約300万円でスタートしたこのスタンプ事業は、いまでは商店街活動を支える大きな力となっている。

購買意欲を高めるソフト面の仕掛け

“烏山方式”のスタンプ事業は、価格競争によらずに消費者の購買意欲をかきたてる、さまざまな工夫を施している。なお、スタンプ台紙は1冊350枚で、500円分の買い物ができる。

① 金融機関の預金

提携している地域金融機関では、スタンプ台紙1冊を500円の預金として取り扱っている。このことが、主婦層らに貯蓄としての魅力を提供している。

② 各種セールで大手スーパー・デパートに対抗

スタンプを通常の2倍あるいは3倍発行するセールが頻繁に行われている。また、通常は1冊で500円のところ、1,000円分の買い物ができるセール日もある。

たとえば、スタンプ3倍の日には1万円少々の買い物をすると、通常で100余枚のスタンプが3百数十枚に増え、約1冊となる。これをイベントに使用すると、さらにその価値は増すことになる。つまり、セール日を上手に活用すると、1万円少々の買い物をしたスタンプで、1,000円分の買い物ができるチャンスがあるという仕掛けである。

③ 多彩な交換メニュー

スタンプを集めても、その使いみちに魅力がなければ、使用されにくくなってしまう。そこで当商店街では、各種のイベント招待やチケット交換（駐輪場券、Ｊリーグ試合チケット、旅館宿泊券、映画館入場券など）を用意している。

スタンプ事業の仕組み

商店は、スタンプ1枚を2円で組合より購入し、買い物100円につき1枚を進呈している。スタンプ台紙1冊は350枚分で、組合が販売した700円分のスタンプが貼付される。

顧客は、そのスタンプ台紙を使用して、商店で1冊500円分の買い物ができる。そして組合では、商店から同等の500円として回収している。すなわち組合は、自ら1冊700円で発行したスタンプを500円で買い戻しているので、その差額の200円分が収入になっている。

この収入を資金として、さまざまなイベントを企画・実行することで、商店に還元している。

全国初の商店街 IC カード導入

① スタンプと IC カードの併用

IC カードは、現物のスタンプに代わり、累積ポイント数を表示することから、携帯用スタンプ箱と考えている。IC カードを発行する商店街側も、利用する顧客側も、1枚のカードにさまざまな機能が備わっている利便性があり、スタンプ台紙とともに併用している。

② IC カードを利用したコミュニティポイント

まちの清掃など、地域貢献を行った場合のボランティアポイントや、レジ袋不要のノー包装ポイント、インクカートリッジ回収のリサイクルポイントなど、IC カードの記録性を活かしたさまざまなポイント付加を行っている。こうして、生活の多くの場面でポイントが貯まる仕組みになっており、このポイントをコミュニティポイントと総称している。

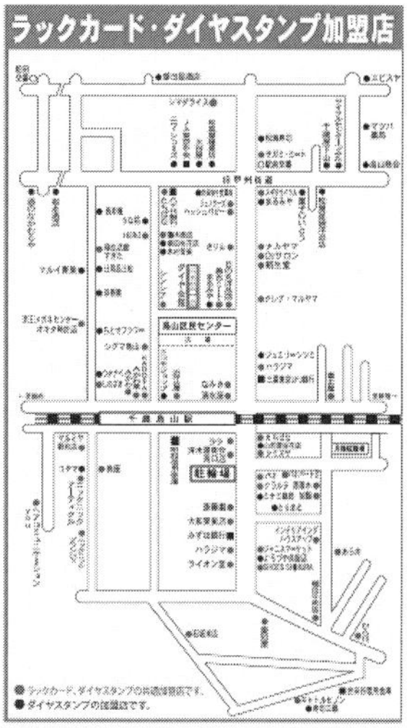

IC カード・スタンプ加盟店
商店街マップ

IC カードによる
コミュニティポイント

○ハート、ソフト、ハードの取組み

３つのベクトル

商店街の取組みで大事なことは、最初に人と人とのつながりの「ハート」、次に共同で行う事業としての「ソフト」である。そして最後に、「ハード」としての環境整備がくる。

地域商店街活性化法成立への尽力

それまでの国の施策は、街路灯など、ハード面の支援が主であった。しかし、それだけでは商店街活性化は難しいとして、当商店街で実践しているソフト事業の重要性を中小企業庁に訴えた。このことが、平成21年の地域商店街活性化法（商店街の活性化のための地域住民の需要に応じた事業活動の促進に関する法律）成立の大きな原動力となった。ソフト事業とは、地域住民に役立ち、地域の魅力を発信する取組みである。同法成立後はイベント、ブランド開発、人材育成など、ソフト面の支援が強化された。

安全・安心、環境重視のまちづくり

① 防犯カメラの設置

当商店街の随所に防犯カメラを設置している。これにより、犯罪の抑止はもちろんのこと、交通事故の事実検証にも役立っている。かつては、プライバシーの点から防犯カメラ設置が進みにくかった環境があるが、現在は、安全・安心のまちづくりには重要な機器となっている。

② AED（自動体外式除細動器）の設置

高齢化の進展により、病院外での心疾患の発生が増加傾向にある。商店街が、来街者と地域住民の安心・安全の向上に資するためにAEDを設置することは、大変有意義である。国や区からの補助金もあり、当商店街をはじめ、多くの商店街にAEDの設置が進んだ。

③ 遮熱型舗装の車道・歩道

当商店街では、住民の意見をもとに、３年前より完全バリアフリー化を進めてきた。その中で、車道と歩道の舗装素材について、遮熱型のものを取り入れた結果、夏の道路表面温度が約60度だったものが、約15度も下がったことが実証され、より快適な生活空間ができ上がった。

○成功のポイントと今後の課題

スタンプ事業・ICカード事業の全国発信

当商店街以外の各地の商店街を歩くと、スタンプ事業を行っているが、どの店舗で利用できるかがわかりにくい場合がある。また、商店がスタンプ提供に積極的ではないところもある。

“烏山方式”は、消費者の利用促進のために、多くの仕掛けを施していることが特徴である。また、スタンプ事業とICカード事業をバランス良く、並行して実施している。

このことが、消費者への付加価値の創出、商店街への消費の還流を促し、商店街の活性化につながっている。地域消費の域外流出に苦労している商店街は多い。ぜひとも、“烏山方式”を１つのモデルとして参考にしてもらいたい。

地域コミュニティの担い手として、さらなる商店街の発展へ

元気な商店街がある地域は、商店と住民のコミュニケーションが盛んなことから、まちの雰囲気が良く、犯罪が少ない傾向にある。

当商店街では、高齢者らが利用できる相談所を設け、１回の相談でICカード５ポイントを提供して、積極的にコミュニケーションを図っている。このように、商店街が地域コミュニティの担い手として公共的役割を担うことが、行政のスリム化と商店街の一層の社会的地位向上につながるのである。

世田谷区　ウルトラマン商店街

ウルトラマン発祥の地で
3商店街がスクラムを組んでお出迎え

後関　和子

○ウルトラマン商店街誕生

ウルトラマン商店街とは

ウルトラマン商店街は、小田急線・祖師ヶ谷大蔵駅をはさみ、南北2.3㎞に広がる３つの商店街（祖師谷昇進会商店街振興組合・祖師谷商店街振興組合・祖師谷南商店街振興組合）の総称である。現在、祖師谷昇進会商店街振興組合は会員数74店で、主な業種は小売業が４割、サービス業が３割弱、飲食業が１割などとなっている。

一方、祖師谷商店街振興組合の会員数は230店、主な業種は小売業が４割、飲食業が２割、サービス業が２割弱などとなっている。また、祖師谷南商店街振興組合の会員数は150店で、主な業種は小売業が４割弱、飲食業が３割弱、サービス業が２割弱などとなっている。（数値は平成23年12月現在）。

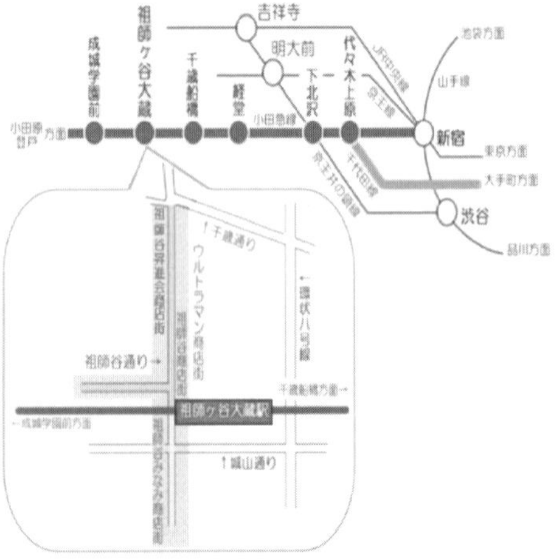

資料出所：祖師谷昇進会商店街振興組合ＨＰ

○ウルトラマン商店街以前

祖師谷の商店街は、小田急線が開通した昭和初期に始まる。昭和

30年代は、商店街以外はほぼ地元農家の田畑という状況だった。その後、マンションや分譲住宅が多く建設され、この地域への住民の流入が増えてきた。

3商店街にはそれぞれ、個性や特色、歴史があり、なかなかまとまって一緒に何かをやろうとはいかない状態だった。しかし、バブル崩壊後の不況や後継者不足、地域住民とのコミュニケーション不足などの問題も起きる中、各商店街ともに何らかの活性化策の必要性を感じていた。

○ウルトラマン商店街の誕生

そんな中、ウルトラマン商店街構想が持ち上がる。世田谷区職員の研修で、ウルトラマンで有名な㈱円谷プロダクションが、創業時から約40年にわたって当地に本社を構えていたことから（現在は渋谷区に移転）、ゆかりの深いウルトラマンを商店街やまちづくりに活用できないかという提案が上がったのだ。

その後、円谷プロダクションのご好意で、まちづくりのためにウルトラマンシリーズのキャラクターを使用する許可が得られ、さらに世田谷区のバックアップで平成17年4月、3商店街からなるウルトラマン商店街が誕生した。また、3商店街や町会、日大商学部、円谷プロダクション、小田急電鉄㈱など、地域の関係協力団体の連携によるウルトラまちづくりの会を設立。さらに平成17年度には、東京都の地域連携型モデル商店街事業としての指定も受けた。この事業ではさまざまな取組みを行っているが、主な例をご紹介する。

○ウルトラマンを核としたまちづくり

ハード事業

① ウルトラマンシンボル像とウエルカムアーチ

3商店街を構成する祖師谷商店街振興組合エリア内では、祖師ヶ谷大蔵駅前広場にウルトラマンシンボル像が建設され、各商店街の入口にはウエルカムアーチも設置されている。マスコミなどに取り上げられ、ウルトラマン商店街としての知名度が上がることで、地元住民だけでなく、他地域からの来街者も増加した。

また小田急電鉄の協力で、祖師ヶ谷大蔵駅ホームの電車接近のアナウンスメロディとして、下り線はウルトラセブン、上り線はウルトラマンの主題歌が流れる。駅構内の柱は、ウルトラマンや怪獣のポスターで飾られ、駅を降りると、2ヵ所でウルトラマン付きの案内板が出迎えてくれる。

ウルトラマンシンボル像©円谷プロ

名商店街のウエルカムアーチ©円谷プロ

② ウルトラマンとウルトラセブンをモチーフにしたLED街路灯

平成21年には、祖師谷南商店街振興組合がデザインの一般公募を行い、ウルトラマン・バルタン星人をモチーフとしたハイブリッド街路灯（LED）が完成した。ウルトラマン型街路灯には、懐かしい名シーンのカードが埋め込まれ、バルタン星人型の街路灯には、さまざまなフィギュアが隠されており、親子で楽しむ姿が見受けられる。この街路灯は、第5回東京商店街グランプリ活性化事業部門で優秀賞を受賞し、視察や来街者の増加にもつながっている。また平成22年には、祖師谷昇進会商店街振興組合の街路灯も完成し、ウルトラマン型街路灯48基、ウルトラセブン型街路灯7基に建て替えられた。こうして徐々に、ウルトラマン商店街としての景観統一が進んでいる。

ウルトラマン型街路灯Ⓒ円谷プロ

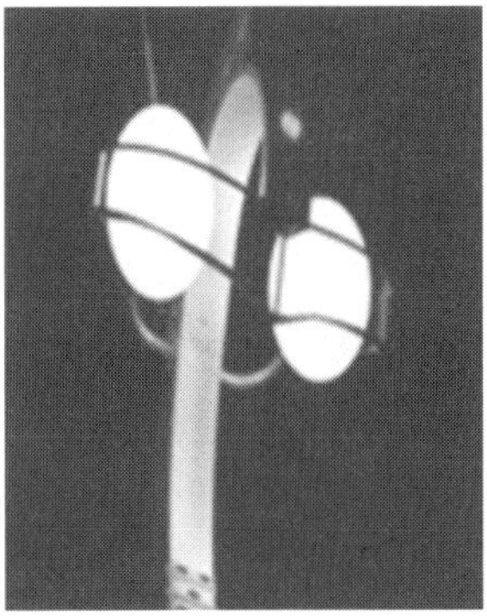
ウルトラセブン型街路灯Ⓒ円谷プロ

ソフト事業

地域限定のウルトラマングッズも、企画開発・販売が行われている。商品の企画開発は、ウルトラまちづくりの会、ウルトラマン商店街、商店街個店それぞれが主体となる。また販売は、カフェ・メロディや商店街有志の店、企画開発した個店、さらにはイベント時と４通りの方法で販売され、ウルトラ饅頭、ウルトラマン商店街ライター、ウルトラマンシンボル像レプリカ（シリアルナンバー入りで500体）、ウルトラマン商店街フラッグテーブルクロス、ウルトラマン商店街限定タオル、ウルトラマンタロウ携帯ストラップなど、数多くの品ぞろえがある。

また、３商店街のサマーセール期間中には、サマーフェスタを行うウルトラまちづくりの会との連携でイベントを実施し、ウルトラヒーロー握手会を行っている。多くの親子が参加するなど、地域住民に愛され、イベントとして定着した。

さらに、３商店街ともウェブサイトを立ち上げており、ウルトラマン商店街のＨＰ作成やFacebookへの取組みを検討しているほか、ウルトラマン商店街うちわを約3,000枚作成し、自治会の盆踊りで配布するなど、情報発信やPR活動にも力を入れている。

○成功のポイントと今後の課題

ウルトラマンブランドの活用

以前、祖師ヶ谷大蔵駅周辺には円谷プロダクションがあり、円谷氏の自宅も商店街近隣にあるため、公私を問わず交流があった。そのことが、地域住民や商店街のウルトラマンへの愛着度を高くし、地域の心がまとまったのも、成功要因の1つだろう。また、ウルトラマンというブランド力の高さが、来街者を商店街へ呼び込むうえで大きな成果を上げている。

点から面へ—商業集積への展開

３商店街は、以前からさまざまな課題を抱えており、活性化策が必要と認識していた。そんな中、各商店街が個別に活性化策を行うより、商店街・行政・企業の連携で、３商店街が一体となって活動していくという、点から面への商業集積を構築できたことで、地域住民・来街者の利便性や満足度をさらに向上させている。

ウルトラマン商店街としてのさらなるイメージ戦略

現在、２商店街はすでに、ウルトラマンをテーマにした街路灯への建て替えを終えている。今後、残る祖師谷商店街振興組合の街路灯が建て替えられることで、ウルトラマン商店街としての訴求力がアップするとともに、景観の統一も図られる。

３商店街一体のイベントで回遊性をアップ

ウルトラマン商店街は、南北に2.3kmの長さを誇る。商店街活性化の第一歩は、地域住民や来街者に来ていただき、歩いていただき、お店を知っていただいて売上につなげることである。そのため、回遊性を高めることは必須で、まずは来てもらう手段として、集客の仕掛けづくりが必要になる。もちろん、イベントを一過性にせず、個店の売上につなげるには、個店の魅力も重要な要素である。

現在、３商店街が一体となって行っているイベントは、年２回のサマーセールとウインターセールである。今後、新たにウルトラマン商店街ならではのワクワクするようなイベントを行うことが、集客と商店街の回遊性アップに貢献し、ひいてはブランド力の陳腐化を防ぐことにもつながっていくだろう。

南阿佐ヶ谷すずらん通り商店街

40年間の独自路線を可能にした商店街の団結力

小山田　哲治

○ 40年続くすずらん祭り

すずらん祭り

南阿佐ヶ谷すずらん祭りの垂れ幕

平成24年の5月26、27日の両日、南阿佐ヶ谷すずらん祭りが行われた。昭和42年の商店会発足以来、今年で47年続く恒例の行事である。福引もあれば、お笑い芸人の出演もある。近隣のアマチュアバンドも出演するなど、よくある商店街のイベントである。他にあまりないものとしては、福島県の喜多方等、この商店街と連携している地方物産の即売会が開かれていることであろうか。

交通と立地条件

南阿佐ヶ谷すずらん通り商店街は、その名のとおり、地下鉄丸ノ内線の南阿佐ヶ谷駅の近くにある。青梅街道と中杉通りが交差するところに杉並区役所があるが、この区役所の裏手に位置する。杉並区役所から青梅街道を200mほど東に行くと、北西に向かう商店街の入口になる。

杉並区役所からJR阿佐ヶ谷駅に向かって、北へ伸びているのが中杉通りである。この中杉通りの1つ東側を、阿佐ヶ谷駅から青梅街道まで並行して走る商店街が、阿佐ヶ谷パールセンター（以下、パールセンター）である。パールセンターは、青梅街道に接する少し手前で、ななめ東へ向かうすずらん通りと、そのまま南へ向かうパールセンターの残りの部分とに枝分かれしている。この枝分かれするところが、すずらん通り商店街のもう一方の入口である。

すずらん通り商店街は、この200mほどの道路を中心に構成され、約50店が加盟している。手元に昭和42年当時の商店街地図があるが、当時から２代、３代と続いている商店が多くある。ほかでよく見かける全国ブランドのチェーン店は、ほとんど見当たらない。親子そろって、商店街の会長を務めたという店もあるほどである。

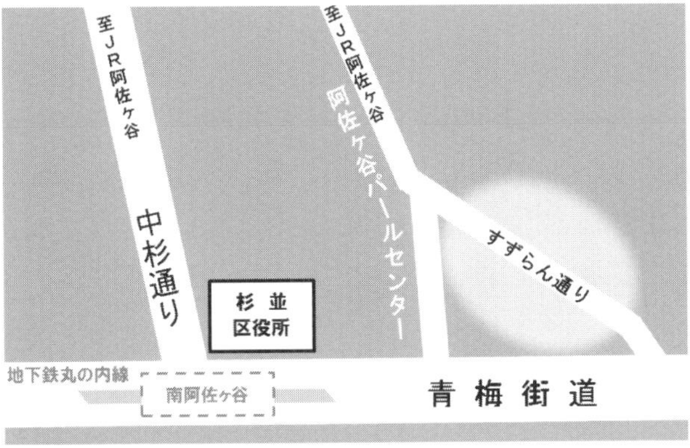

南阿佐ヶ谷すずらん通り商店街交通図

○大商店街との合併を拒否して独立路線を選択

商店街の沿革

商店街が振興組合の形をとったのは平成５年のことだが、任意団体としてのすずらん通り商店会の発足は、昭和42年にさかのぼる。発足と同時に、隣接する阿佐ヶ谷パールセンター商店街から合併の打診があった。

すずらん通り商店街は、北側でパールセンターに隣接しているが、商店会発足以前は、南側の青梅街道沿いや、さらに南の五日市街道方面の商店と三栄商店会を作り、親睦を図っていた。それがこの頃、さらなる発展を目指して、独立した商店会を作ったのである。そのため、北のJR阿佐ヶ谷駅から伸びてきていたパールセンターから声がかかったものと思われる。

パールセンターのアーケードはその頃、すでに完成しており、昭和29年から続く阿佐ヶ谷の七夕まつりも有名になっていた。東京でも有数の商店街であり、規模もケタ違いで、すずらん通り商店街の約50店に対し、パールセンターは2百数十店もある。合併して、ともに発展しようと考えるのは、自然な成り行きである。

しかし、大きな団体と合併すれば、独自色も出せなくなる。合併すべきか、せざるべきか、意見は2つに分かれて調整がつかない。議論が続いたが、最終的には投票という手段をとることになり、臨時の総会で、わずか1票差ではあったが、独自路線を歩むことになった。いまとなっては半世紀近くも昔のことだが、この決断が、その後の商店街の発展を支える礎石になったものと思われる。

日除けシートの簡易アーケード

独自路線をとった以上は、独自色を出したい。当初の目標は、日除けシートを用いた簡易アーケードの設置であった。一部の商店は、店頭に張り出したアームにシートを張った日除けを持っていたが、これを商店街全体に普及させ、固定したアームにシートを張って、アーケードの代わりにしようというのである。

しかし、実現は簡単ではなく、昭和40年代に商店会長が2代にわたって努力し、設置した。行政を説得して理解を得るのに、6年もかかったという。さらには、商店街の中にもアーケード設置にあまり熱心でない会員もいて、初代会長の後を受けた2代目会長は、1軒ずつ説得して回らなければならなかった。

その後、苦労のかいあって、すずらん通りは雨の日の買い物が楽になった。この日除けシートで覆われた簡易アーケードは、平成9年に撤去されるまで活躍することになる。

日除けテントの撤去とカラー舗装

こうしてできた簡易アーケードであるが、太陽熱に弱く、また大雪が降ったりすると破れてしまい、何度も張り替え工事をしなければならなかった。そのために、商店会費も高額になってしまった。

やがて、平成に入ると老朽化が進み、消防署からも撤去を求められるようになったため、撤去を機に商店街の大改造を行い、現在のカラー舗装と街路灯のすずらん通り商店街ができ上がった。行政の補助金があったとは言え、1億円を超える金額であり、いまも借金が残っている。また、カラー舗装も街路灯も、定期的なメンテナンスが必要なため、そのための積み立てもしなければならず、商店会費は高いままである。

○粘り強い説得でマンションの設計変更（団結の力）

商店街に入ってすぐのところに、大きなマンションが建っている。しかし、通りに面した1階部分は商店になっており、10数店が並んでいるため、住居用の建物とは気づきにくい。建設会社と商店街との話し合いで、Win-Winの解決策を絞った結果である。

このマンションの建設計画が発表されたのは平成11年であるが、当初の青写真では、1階部分はすべて車庫になっていた。これでは、ほとんど片側町になってしまい、商店街にとっては死活問題になる。そこで、地権者も交えた交渉が行われた結果、居住者の駐車場は地下に作られることになり、1階部分は商店になった。元の地権者が、等価交換の形で商店として入居している場合もある。商店街と高層住宅が併存するこの形式は徐々に定着し、JR阿佐ヶ谷駅前にも見られるが、全部ではなく、駅前にマンションのエ

マンション1階の商店街

ントランスが設けられているところもある。

商店街合併問題のときと同様にじっくりと話し合いを持ったことが、商店街に幸いしたと言える。

○地方物産の産地直売・宅配

商店街の外観が新しくなると同時に、独自の取組みがいろいろと行われた。たまたま発生した空き店舗を利用した宅配事業や、アンテナショップの経営などである。地方の産地と提携して、野菜やその他の加工食品を直売するアンテナショップでは、産地直送の野菜が好評で、提携先も増えていった。１つの商店街だけの取組みが発展し、杉並区全体の取組みになっていったのだ。杉並区の商店街連合会が主体になって、株式会社協働すぎなみが設立され、五日市街道沿いにふるさと交流市場を設けて、産直事業を行っている。交流先も関東・東北を中心に、北海道や東京の青梅を含めて12ヵ所になっている。

ふるさと交流市場の幟

○阿佐ヶ谷七夕まつりに参加

パールセンターとの合併を拒否したすずらん通り商店街であるが、別段対立しているわけではない。JR阿佐ヶ谷駅周辺には10の商店街があるが、平成24年からは合同で七夕祭りを行うことになった。

七夕祭りのポスター

阿佐ヶ谷の七夕まつりは、パールセンターが始めたイベントである。例年８月に月遅れで開催される。平成24年は８月３日～７日であったが、パールセンターだけでなく、JR阿佐ヶ谷駅周辺の10の商店街も参加した。それぞれの取組みは各商店街に任されているが、ポスターなどは共通である。

すずらん通り商店街もこれに参加し、商店街の賑わいを演出した。独自路線を歩むとともに、協調すべきところは協調して、発展しようとしているのである。

○成功のポイントと今後の課題

すずらん通り商店街には昔からの自営店が多く、各店舗とも経営は良好に見える。人通りもあり、シャッターを下ろした店はごくわずかである。商店街組織も、良くまとまっている。カラー舗装や街路灯を設置したこともあり、商店街の会費はかなり高額であるが、会費徴収に大きな問題はない。

すずらん通り商店街はパールセンターには参加せず、独自路線を歩んできたが、今回は阿佐ヶ谷地区全体の七夕まつりイベントに参加するなど、他の商店街と連携を深めている。独自色を保ちつつ、阿佐ヶ谷地区での商店街グループと共同イベントなどを実施していくことも、１つの戦略である。

また、地方と連携したアンテナショップの経験は、貴重なノウハウである。現在は、杉並区の商店街全体の取組みになっていて、場所もすずらん通りからはやや離れてしまっているが、すずらん祭りなどには、地方物産店の屋台が出店し、各地方との人的つながりを活かした取組みは、いまも続けられている。アンテナショップでの直売のみに頼らず、近隣商店街のイベントに積極参加を促すことは、各商店街にとっても地方にとっても好都合であり、Win-Winの関係を築くことも可能である。

自主独立したうえで、他との連携を推し進めてほしいものである。

かっぱ橋本通り公西会商店街

かっぱの皿の乾かないまちづくり

田川　幸平

○江戸時代と現代が融合したかっぱ伝説のまち

御成道として栄えた由緒ある通り

かっぱ橋本通り公西会商店街は台東区西浅草にあり、国際通りの公園六区入口交差点から合羽橋道具街まで約300mの街路に、約70店舗が軒を連ねている。戦後間もなく商店街として発足し、現理事長の森本佳直氏は6代目である。専門店・飲食店が7割を占め、ほとんどがオーナー経営者である。

かっぱ橋本通りは、国際通り側の公西会から上野駅入谷口近くの昭和通りまでの東西約1.2㎞を、一直線で結ぶ。公西会、かおう会、商和会、明和会の4つの商店街で、かっぱ橋本通り商店街連合会を構成している。

もともとは、江戸時代に徳川将軍や上野・寛永寺の高僧が浅草寺に詣でる御成道として整備され、明治、大正、昭和時代も、浅草と上野を結ぶ幹線道路として終日賑わった、歴史と由緒ある通りである。

現在は、地下鉄などの交通網が整備されたため、浅草・上野間の

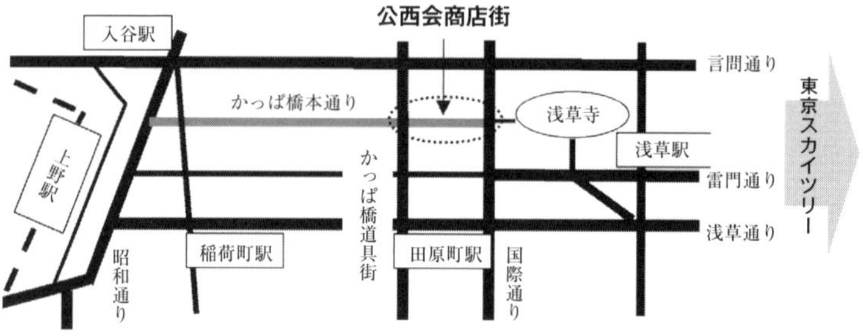

交通地図

通り道としての役割は希薄になった。しかし、通りには下町の風情が色濃く残っており、浅草寄りの公西会には個性的な店が多く、ここにしかない新たな発見ができる通りとしての魅力を発揮している。

かっぱの名の由来

「かっぱ」が地名についた由来には諸説ある。有力なのは、雨合羽商人の合羽屋喜八（合羽川太郎）にまつわるものである。いまはないが、この地を流れていた新堀川（現在の合羽橋道具街通り）は雨が降るたびに氾濫し、低地にあったまちはよく洪水になった。そこで喜八は私財を投じ、文化11年（1814年）に水路を作る堀削工事に着手した。しかし、なかなかはかどらず、かつて喜八に命を助けられた隅田川のかっぱが、これを見かねて夜な夜な工事を手伝い、水路は無事完成したという。合羽橋交差点付近にあった合羽橋という橋の名も、この伝承に由来する。

喜八の墓は、かっぱ橋本通りにある曹源寺（通称・かっぱ寺）にある。この寺には、かっぱを祀るかっぱ堂があり、天井には手塚治虫、水木しげる、萩原楽一らのかっぱ絵が多数飾られている。かっぱの手のミイラも寺宝として伝わっている。また、かっぱ橋本通りにはさまざまなかっぱ像が置いてあり、歩く人の目を引く。このように、かっぱはこの地域の象徴となっている。

東京スカイツリーが一直線に見える通り

上野駅で降り、昭和通りからかっぱ橋本通りに入ると、平成24年５月、墨田区押上に開業した東京スカイツリーが真正面に見え、知る人ぞ知る絶好のビューポイントとなっている。この光景は浅草寄りの公西会商店街まで続き、新しい観光名所として人々に歩く楽しみを提供している。

現代の建築技術の粋を集めて作られた東京スカイツリーとかっぱの伝説、江戸時代から続く時間の経過に思いをはせれば、一種独特の空間に身を置いていると感じるのは筆者だけではないだろう。

○商店街活性化の取組み

水と緑にあふれる環境づくり

平成21年度、公西会商店街は「かっぱの里構想～かっぱの皿の乾かない環境づくり～」のテーマで、東京都の地域連携型モデル商店街事業に指定された。この事業は、商店街が地域住民や地域団体と連携して行う環境、福祉、観光等の地域ニーズに対応した地域おこしやまちづくり等の優れた取組みをモデル事業として指定し、その実施を支援するものである。

前述のように、この地域の象徴であるかっぱを活用して、商店街の活性化を図るため、かっぱの里のイメージにふさわしい、水と緑にあふれる環境づくりに取り組むという独自の展開が評価された結果である。

公西会商店街では、景観整備のハード面と、イベントやかっぱオリジナル商品開発といったソフト面を連動させることにより、商店街と個店の魅力アップに力を注いでいる。具体的には、次のような施策を展開している。

① ハード面の整備

ツタ系植物を植えたプランター（植物栽培容器）とルーバー（羽根板）からなる緑のひさしを各店が取り付け、緑が連続するまちなみを作り出している。水の供給は雨水を利用し、節水に心がけている。

緑のひさし

かっぱのイラストを全国から募集したところ、約800の応募があった。厳選された作品が59個ある雨水タンクにつけられ、さまざまなタイプのかっぱ絵が通りを飾って、来街者の目を楽しませている。

また、同一カラーのオーニング（雨除け）、軒下照明、統一看板を設置したことで、商店街の統一イメージを醸し出し、個店のイメージアップにつながっている。

② ソフト面の拡充

各店が工夫して作り出したかっぱちゃんストラップ、かっぱコースターといったオリジナルグッズ、かっぱラーメン、かっぱ飴、かっぱどら焼きといったお土産、かっぱハイ、かっぱ丼、かっぱコロッケ、かっぱもんじゃといったオリジナルメニューが20種類以上あり、来街者に思い出の品、思い出のひとときを提供している。

商店街の魅力向上

① 下町七夕まつり

公西会商店街の最大のイベントは、かっぱ橋本通り商店街連合会が行う下町七夕まつりである。下町七夕まつりは、昭和62年から毎年、7月7日に近い週末を中心に、かっぱ橋本通りを交通規制して行われ、この地域では夏の風物詩として定着している。

通りの両側には、隙間なく連続して七夕飾りが並び、要所には大飾りが設置される。これらすべてが、商店街や地域の方々の手づくりだということに驚かされる。まさに、「浅草下町の心意気ここにあり」といった感がある。

平成23年は、東日本大震災の影響でスケールを縮小したが、東北物産展や募金活動を加えて被災地への支援を行った。時々に合わせたタイムリーな企画を加えながら、毎年少しずつ趣向を凝らしたバージョンアップがされている。

東京スカイツリーを望む下町七夕まつりの風景

土日はまっすぐ歩けないほどの人であふれ、パレードや大道芸、阿波踊り、佐渡おけさなどのパフォーマンスが観客をうならせる。模擬店では焼きそば、フランクフルト、かき氷、フルーツジュースなどが格安で販売され、食べ歩きも楽しみの１つである。平成24年からは、間近に迫る東京スカイツリーのライトアップが加わり、夜まで飽きずに楽しめるようになった。台東区では、約37万人がくり出したと発表している。

② 浅草カッパ・あいかちゃん

浅草カッパ　あいかちゃん

公西会商店街では、愛らしい女の子のかっぱキャラクターを製作した。名称を公募したところ、インターネットを含めて4,500を超える応募があり、厳正な審査の結果、浅草カッパ「あいかちゃん」に決定した。あいかちゃんの着ぐるみは、公西会商店街のイベントはもちろんのこと、積極的に台東区などのイベントに参加し、当商店街の地域への浸透とPRに努めている。

○成功のポイントと今後の課題

環境変化に対応した継続的な商店街の魅力向上への取組み

公西会商店街では、かっぱの里構想の実現に向けた景観整備と、七夕まつりをはじめとしたイベントなどを連動させ、地域全体の魅力向上につながる仕掛けづくりに、町会や地元団体と連携して取り組んできた。守るべきもの、残したいものを大切にし、変えるべきことは積極的かつ柔軟に取り入れ、まちづくりに活かしている。地域住民にとってかけがえのない潤いをもたらすとともに、遠くからの来街者にまた来たいという気持ちを起こさせるまちづくりに力を注いでいる。

この成果をもたらしたのは、森本理事長を先頭にした公西会商店街役員の皆さんの地元を愛する強い思いであり、自忘他利の精神に基づく献身の賜物である。

来街者のリピート化が今後の課題

公西会商店街では今後、電線などの地中化工事がこれから始まる。歩きやすく買いやすいことに加え、東京スカイツリーのビューポイントとしての環境が整っていくことで、観光目的で来街する人の増加が見込まれる。

このチャンスを活かすためには、安心して東京スカイツリーの写真を撮れるスペースを確保し、歩行者と自転車が共存する通りを設計する必要がある。楽しみのある商店街にすることで、くり返し来てくれるリピーターの増加を図り、商店街と個店の繁栄につなげられるかが今後の重要な課題である。

江戸文化と現代アートをつなぐまち

岩本　仁志

○深川資料館通り商店街の概況

深川資料館通り商店街の歴史

深川資料館通り商店街協同組合は、昭和 23 年に任意団体・区役所通り商栄会として発足し、昭和 36 年に商店街組織をより強固にするため、江東区役所通り商店街協同組合として法人化した。その後、昭和 49 年に江東区役所の東陽町への移転に伴い、名称を元区役所通り商店街協同組合に変更し、さらに、江東区役所の跡地に深川江戸資料館が完成した後の昭和 62 年に、深川資料館通り商店街協同組合に名称を変更して現在に至っている。

商店街の発足当時は、木場の材木問屋が約 250 社存在し、従業員は約 15,000 人を有したことから、木場の商業拠点として賑わいを見せていた。しかし、昭和 44 年には貯木場が新木場に移転。さらに昭和 49 年には、商店街に面する江東区役所が東陽町へ移転するなど、商店街を取り巻く環境が大きく変化した。

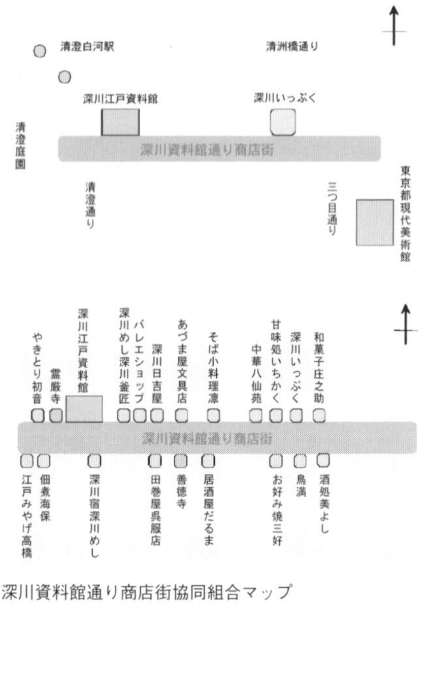

深川資料館通り商店街協同組合マップ

昭和61年に、江東区役所跡地に江戸時代のまちなみを再現した展示室や小劇場、レクホールを備えた深川江戸資料館が開館した。また、貯木場跡地には木場公園が造成され、平成7年より、公園の一角に東京都現代美術館が開館した。同美術館は、現代美術の振興を図り、芸術文化の基盤を充実させることを目的として、約4,000点の収蔵作品の常設展示をはじめ、大規模な国際展など、特色ある企画展示を随時開催している。加えて、美術関係図書約10万冊をそろえた美術図書室を備えている。

商店街の立地

深川資料館通り商店街は、東京メトロ半蔵門線と都営地下鉄大江戸線の清澄白河駅より徒歩1分に立地する。東西へ伸びる幹線道路の清洲橋通りから1本筋を違えた、清澄通りと三つ目通りを結ぶ約900mに、100店舗あまりが営業している。清澄白河駅から清澄通りを南下し、左に曲がると同商店街の西端にあたり、背の高いケヤキ並木が出迎える。同商店街は、5つの寺社が会員になっていることが象徴しているとおり、歴史ある寺社仏閣等の史跡に囲まれている。

深川江戸資料館の周辺には、名物・深川めしやあさりの佃煮を提供する店舗が立ち並び、都会の喧騒とは趣を異にする情緒が感じられる。商店街を東に向かって進んでいくと、並木はハナミズキに変わり、春には白とピンクの花弁がまちを彩る。呉服屋、豆腐屋、石屋など、昔ながらの店舗の中に、お洒落な雰囲気を醸し出した古書店や花屋、喫茶店が同居している。商店街から三つ目通りを南下すると、東京都現代美術館がある。同商店街は、深川江戸資料館と東京都現代美術館の間に位置している。

商店街のケヤキ並木

○深川資料館通り商店街の取組み

かかしコンクールと東京都現代美術館

深川資料館通り商店街では、平成10年から「かかしコンクール」を開催している。毎年9月1日から敬老の日まで、応募者が制作したかかしを商店街の路上に展示する。展示期間中は、来街者がかかしと並んで写真撮影をする光景が、あちらこちらで見受けられる。かかしコンクールは、商店街のイベントにとどまらず、平成18・21年には、新潟県十日町市の「大地の芸術祭——越後妻有アートリエンナーレ」において、同市の水田にかかし作品を展示するまでに発展した。平成24年は、「世界かかしコンクール」と世界的な取組みになり、国内外から作品を募集し、世界一のトップオブかかしを選出した。コンクールは、同商店街協同組合の副理事長を務める分部登志弘さんが中心となって運営している。

かかしは進化を重ね、東京都現代美術館との連携が始まりつつある。この取組みは、清澄白河駅から美術館までの道のりをよりわかりやすくしたいという美術館のニーズに、商店街が応えたものである。東京都現代美術館のゆるキャラである「モットくん」と、深川資料館通り商店街の「かかし」とのコラボレーションによる「モットくんかかし」が案内役となり、清澄白河駅から美術館へ導く。この制作には、地元の高校生がかかわり、分部さんの指導のもと、美術館が制作場所を提供するなど、商店街・美術館・地域が融合した取組みとなっている。

同様の取組みは、美術館のベンチ制作でも行われている。商店街が、ミシン屋の包材の廃材を収集して空き店舗に保管し、デザイナーの協力を得てベンチをデザイン。美術館は、制作する場所と展示する場所を提供。

モットくんかかし

地元の中学生は、ベンチの組み立てを実行。それぞれが役割を果たすことを通じて、座って休息できるアートな安らぎの場を生み出している。同商店街のかかしは同じ場所にとどまることなく、幅広い活躍の場が与えられている。

深川いっぷく

深川いっぷく

平成18年10月に旧薬局店舗を活用し、空き店舗対策事業として「深川いっぷく」がスタートした。店内では喫茶営業や観光案内のほか、各種のイベントを行い、旧調剤室の面影を残す店舗の奥側には、調剤室ギャラリーなる展示スペースを設けた。

これらの個性的な取組みが、遠方からの来街者を取り込み、賑わいが創出されているだけでなく、継続可能な事業となるよう収益を上げる工夫をしている点でも高い評価を受け、平成19年に第3回東京商店街グランプリ活性化事業部門のグランプリを受賞した。

グランプリ受賞は、商店街会員にもさまざまな場面で伝わり、深川資料館通り商店街の評価が高まったばかりでなく、商店街の中における深川いっぷくの位置づけの向上の一翼を担ったと、マネジャーの白濱万亀さんは語る。

深川いっぷくの存在は、商店街のまちなみにも影響を与えている。商店街を歩いていると、アトリエやギャラリーが目にとまる。深川いっぷくのスタート以降、年々増加し、現在では約20もの小美術館が点在している。

深川いっぷくも進化を続けている。平成23年春、補助金支援なしで店舗を改装した。調剤室ギャラリーは、カフェのキッチンへと装いを新たにし、かつては窓があった店舗の左側は白壁で覆われ、壁面ギャラリーへと生まれ変わった。さらに店舗の右側には、縦横約30cm程度のレンタルボックスが40あまり整然と区画され、それぞれの区画内に小さな店舗が軒を連ねる。店主の多くは芸術家だが、約3割が近隣の主婦の出店となっている。ボックス内の1つひとつの店舗を眺めると、店主の個性が光る作品がズラリと並ぶ。16坪の空間で読書会、寄席、将棋教室、親子写真教室など、さまざまな企画が入れ替わり立ち替わり催されている。深川いっぷくは、地域住民や芸術を好む人たちが有形無形にかかわっており、限られたスペースを最大限に活用しているだけでなく、店舗を超えた広がりを感じさせている。

深川いっぷくはホームページだけでなく、地域密着型のUstream放送局「ピーマンTV（テレビ）」による情報発信も行っている。キャラクターのピーマン君は、深川いっぷくのマネジャーのご主人で、美術作家の白濱雅也さんの作品であり、ピーマン君の緑色の頭が存在感を放っている。

○成功のポイントと今後の課題

深川資料館通り商店街を成功に導いている最大のポイントは、変化への対応力である。商店街は、外部環境の変化に大きな影響を受けやすいことから、変化への対処が課題となる。このため、かつては賑わいを見せていた商店街が、企業の移転や周辺人口の変動などにより寂れてしまった事例は、枚挙にいとまがない。同商店街も、貯木場や江東区役所の移転があり、外部環境の変化にさらされた。

しかし、跡地の深川江戸資料館、東京都現代美術館の開館をチャンスと捉え、かかしコンクールや深川いっぷくをはじめとした江戸文化と現代アートをつなぐ懸け橋となって適応していった。これらを実現させたのは、商店街協同組合の運営幹部の決断力と、実務面で支える若手の行動力の結晶である。施設などのハード面は補助金で補うことができるが、そこに息吹を吹き込むのは、ソフト面である人の存在である。同商店街ではソフト面が機能することにより、変化への対応を実現している。

同商店街の周辺にあたる白河１〜４丁目および三好１〜４丁目では、平成18〜24年の間に、世帯数・人口とも20％程度増加している。加えて、東京都現代美術館には年間約30万人、深川江戸資料館には年間約８万人が訪れている。今後の課題は、商圏人口が増加しているという「機会」に対して、アートを軸としたさまざまな企画の立案という同商店街の「強み」を活かし、来街者を商店街に誘引することを通じて、個店の売上につなげていくことである。

今後も、商いにつなげていくためのあくなき挑戦に期待したい。商店街が江戸文化と現代アートをつなぎ、アートという共通項が商店街と来街者をつなぎ、変化へのしなやかさが商店街を未来へとつなげていく。そんな風が、江戸資料館通り商店街のまちなみから吹いている。

第2章

環境・高齢者・防災対策で安心・安全を提供する

世田谷区・杉並区　下高井戸商店街
千代田区　神田駅西口商店街
豊島区　池袋本町4商店会
北区　滝野川市場通り商店街
板橋区　蓮根3商店会

「ず〜っとしもたか（下高井戸）」——生涯住み続けたいと思わせるまちづくり

小澤　栄一

○下高井戸振興組合設立と商店街の概要

下高井戸商店街は、新宿から京王線の各駅停車で６駅目、快速ならば３駅目の下高井戸駅前およびその周辺に広がる。もともとは、隣接する５つのブロックに分かれて商店街活動を行っていたが、それが１つになり、いまの形となった。そのため、京王線をはさんで世田谷区と杉並区にまたがっており、当初は縦割り行政に悩まされる苦労もあったそうだ

しもたかステーション
［住所］〒156-0043
東京都世田谷区松原 3-30-12
［TEL］03-3322-5945
［FAX］03-5300-3347
［オープン日時］
月・火・木・金・土（日・水休み）
午前10時〜午後6時

商店街地図

が、調整努力により、現在は商店街を一体のまちと認めてもらい、一緒になってまちづくりを進めている。

1次商圏（500m圏）には、約1万8千人の人口を抱えている。商店街加盟店舗は、チェーン店も含めてエリア内店舗の約90%（251店舗）と加盟率が高い。下高井戸商店街振興組合の事務所は、駅前通りのしもたかステーション内にある。

下高井戸商店街の下高井戸駅周辺の風景

「ず〜っとしもたか（下高井戸）」をキャッチフレーズに、地域住民が生まれてから死ぬまでずっと住み続けたいと感じる生活基盤を提供し、公的役割を担う商店街づくり、まちづくりを目指しており、商店街として先進的な各種取組みを行ってきた。

○商店街としての取組み施策

ステーション

振興組合でしもたかステーションを保有し、「商店街や地域の情報発信基地＋公共的サービスの拠点＋組合活動の核」としての機能を持たせている。具体的には、1階に商店街の案内所（まちのコンシェルジュ機能）と休憩所（トイレ、飲料水、休憩椅子、ベビーベット）、イベントスペースがあり、高齢者や親子連れにも配慮している。2階には会議室があり、レンタルも行っている。また、しもたかスタンプのイベントや交換の場ともなっている。

店舗マップ

商店街の店で提供されるサービスとその特徴を紹介した「しもたかマップ」を作成している。内容としては①グルメ（飲食店）、②おいしいお買い物（食料品店）、③暮らしのお買い物（日用雑貨店）、④美容と健康（関連サービス店・病院・薬局）、⑤暮らしのサポート（さまざまな生活支援店）の５冊の店舗カタログにまとめている。ステーションや店舗で無料配布するなど、消費者が知りたい情報をわかりやすく提供し、初めての来街者にもやさしい配慮がされている。

宅配サービス

電話・FAX による注文への個店での宅配サービスとして、「しもたか宅配便」があり、実施している店が13 店舗ある。また、商店街としても「手ぶら便」（１回 300 円）という宅配サービスを行っており、商店街内だけでなく、新宿などで買い物をしたものでも、その日のうちに自転車で自宅まで配達している。単独事業であり、採算面では厳しいが、地域サービスとして提供しており、主に小さい子どもを持つ若い主婦や高齢者が利用している。

スタンプ

導入して18 年目となるが、加盟店で100 円のお買い上げごとに、１枚下高井戸スタンプをもらうことができ、スタンプ台紙（360 枚で満貼）１冊で500 円の買い物ができる。また、ミニスタンプ台紙（100 枚で満貼）を利用すれば、１冊で150 円の買い物ができる。

年に１回発行するDM で年間行事を連絡し、誕生月や年末年始などは交換比率をアップしたり、特定のサービス品や映画鑑賞券と交換できるようにするなど、工夫を凝らしている。

街路灯

平成 21 年３月に、商店街内の街路灯を従来の水銀灯から省エネ仕様のインバータ蛍光灯にリニューアルし、消費電力を抑えてCO_2を41％削減した。また、上端に角型のソーラーパネルを組み込み、震災などによる停電時でも、フットライトのLEDが点灯するようにして、街路を歩く人の安全を確保している。

上端にソーラーパネル付の街路灯

フットライトのLED

イベント事業

東京都の新・元気をだせ！商店街事業／イベント・活性化事業の補助金を活用し、商店街として年4回開催する大きなイベントと、随時開催するさまざまなイベントで、集客の促進を図っている。

平成24年には、①4月：さくら祭り（37回目、集客10,000人）、②8月：サマーフェスティバル（42回目、2日で集客8,000人）、③10月：音楽祭（集客6,000人）、④12月：がんばれ日大！箱根駅伝順位当てクイズ（歳末イベント）の4大イベントと、スタンプ関連のイベントや他団体との協力イベントを各種開催している。

そのほか、地域ぐるみでのエコ活動（レジ袋削減やインクカートリッジ回収）も展開している。

○成功のポイントと今後の課題

全国的に元気のない商店街が増えている中、下高井戸商店街が元気な理由としては、以下が考えられる。

（1）下高井戸商店街振興組合のリーダーシップ
（2）地域との一体化（商店街活動＝地域密着の取組み）
（3）行政との連携・活用（行政の商店街施策・補助金の有効活用）
（4）恵まれた立地条件（駅勢圏と商圏の重なり、後背地の人口密度の高さ、学校の立地）

まちづくり構想

当商店街でも、商業環境の変化（物販店構成の減少と飲食サービス業の増加、商店数の減少と空店舗の増加）や、住民の商店街への期待・ニーズの変化、高齢化、店舗や生鮮市場の老朽化に対応すべく、新しいまちづくりの必要性が高まっている。

そこでその構想案を、平成21年に東京都中小企業振興公社から派遣された中小企業診断士や専門家の支援の下で作成した。そこでは、まちづくりのイメージを「下高井戸商店街は、日常的で生活感を重視した交流やにぎわいと活気あふれる商店街」、「人が集え、集まる、にぎわいのある下高井戸駅周辺商店街の実現」と表現している。また、まちづくりのコンセプトは、「①にぎわいのあるまち、②ふれあいのあるまち、③安全・安心があるまち、④豊かな食があるまち、⑤歴史と文化があるまち、⑥ゆとりがあるまち」としている。

来街者のニーズ・ポテンシャルの把握

来街者のニーズを把握すべく、定期的に消費者懇談会を開催している。そこでは、主婦目線でのコスト意識や要望を吸い上げている。また、平成23年に調査会社を使って通行量調査をしたところ、平日の7：00から18：00までの間、商店街内に延べ10万人が滞留していることがわかった。また、生鮮三品の店が日曜・休日休みであることから、売り逃しが約30％もあることがわかっている。これらのニーズ把握や現状調査を、次なる施策にどのように活かしていくかが課題である。

今後の方向性

今後、京王線の立体化に伴う駅前再開発も予定されており、商店街が事業者とのまちづくり協議会に参加し、地域の中核的存在としてまちづくりをリードしていく必要がある。

また、商店街のシンボルとなる核施設として、通りの個店による共同ビル化も検討が必要である。そのためには、各店舗だけでなく、店舗を貸しているオーナーとの連携も重要となってくる。

施策も、商店街の全体最適を目指すものだけでなく、より効果を高めるために、調査データをもとにマーケットセグメンテーションを行い、顧客ターゲットや対象店の業種を絞ったものも必要となってきている。

地域活性化と商店街の継続的な繁栄に向けて、新たな取組みも検討されており、中小企業診断士として今後も目が離せない商店街である。

環境変化を先取りし 周辺商店街とともに成長する庶民のまち

松﨑　香澄

○庶民のまち・神田

東京・神田と言えば、江戸時代から庶民のまちとして栄えたところであり、その名は、全国で知らない人はいないほど有名である。神田は、東京都千代田区の中心、皇居から見て南・北方向に広がり、現在はJR神田駅の西側に広がる一帯である。これは、天正８年（1590年）に江戸幕府を開く際、戦略的な重みを考えて、西・北の台地の方向に有力な大名を配し、東・南・北の低湿地帯に町家を集めたことに始まる。東の日本橋から南・北の神田にかけては水運に恵まれ、日本橋から鎌倉河岸に至るまで、魚河岸や青果市場が開かれたこともあって、町家のまちが形成された。

○バブル崩壊後の現状

商店街の環境が急激に悪化

神田駅西口商店街は、JR神田駅西口から外堀通りまで、幅６m、長さ300mの街区に約100店が集積している。このあたりには、1610～1682年まで、秋田・佐竹藩の江戸上屋敷があったと伝えられており、現在でも商店街の中ほどに佐竹稲荷神社が鎮座している。神田駅周辺には５つの商店街が集積しているが、いずれもレトロな外観を残した下町の雰囲気を楽しむ商店街として親しまれている。

神田西口商店街のアーチ

大手町のオフィス街からも近く、昼間・夜間とも、サラリーマンが多く来街する。バブル期には、大手企業の分室が周辺ビルに入居していたが、バブル崩壊後は転出が相次いだ。その結果、ビルの空き室率が上昇し、借入金で建設されたビルは、金融機関への返済が滞って競売にかけられ、地域環境を無視するようなヤミ金融や風俗店などが入居した。夜になると、悪質な客引きが目立つようになり、違法な張り紙やルールを守らない飲食店のゴミ出しなども相まって、環境が著しく悪化した。

そこで、商店街として街区の美化と安全・安心を図るため、高温・高圧洗浄機を導入、また都と区の支援を得て、BGMや商店街・公共機関の情報を来街者に放送で提供した。また、警察署・区役所・商店街を中心に定期的な夜間パトロールを行い、平成15年には都・区の支援により、防犯カメラを9台設置（現在は24台）した。これらの施策により、違法行為は大幅に減少した。

このように、商店街だけでは対処できない課題を行政の支援を得て解決し、活性化を図ってきた。この活動は、平成19年第3回東京商店街グランプリ活性化事業部門の優秀賞を受賞した。

一店逸品運動の推進

このように、安全・安心の課題は一応解決したが、バブル崩壊後の景気低迷により、各店の売上は芳しくなかった。さらに、飲食チェーン店の増加により、従来の個性ある店が影をひそめた。そこで、平成17年度より千代田区の助成を受けて、個性ある個店の育成を目指し、一店逸品研究会を立ち上げた。この研究会は、西口商店街のみならず、やる気のある神田駅周辺の商店主たちが参加して運営された。大手町や秋葉原などの高層ビルの間に埋没しがちな神田を、自慢の商品、自慢の味で盛り上げようという、下町っ子の心意気が発揮され、6ヵ月間の勉強会を経て18店舗が参加し、「**神田の逸品GUIDE MAP**」が完成した。

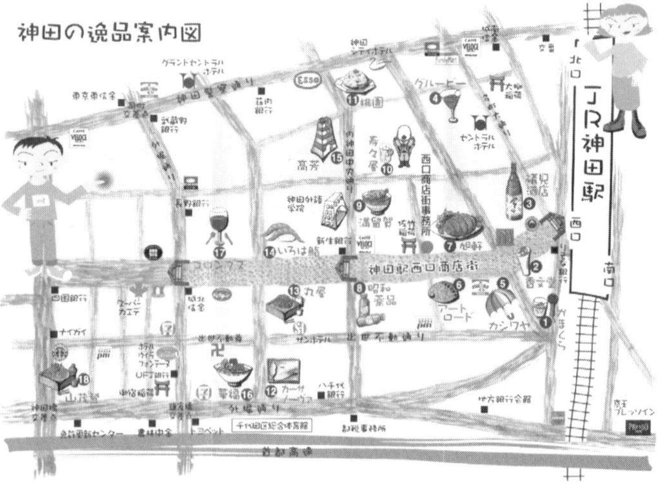

神田の逸品 GUIDE MAP

神田をめぐる商業環境の変化

この間に、西口商店街をめぐる商業環境は大きく変化した。まず、平成14年の丸ビルの新装に始まり、大手町から丸の内・有楽町にかけてのオフィス街が大きく変身した。これにより、従来は昼間と平日の街だった地域が、365日24時間稼働のまちと化したのである。これに合わせて、日本橋から八重洲・京橋にかけても大きく様変わりしている。さらに、東京駅丸の内駅舎は平成24年10月に、大正4年の建設当時の姿に再生された。

一方、平成17年のつくばエクスプレスの開業に合わせて再開発された秋葉原地区は、電気街からオフィス街へと変身した。地元・神田では、高崎・宇都宮・常磐線の東京駅乗り入れの東北縦貫線計画が、平成26年度の完成を目指して進行している。神田に新たな駅は設置されないが、これを機に神田駅が改装される。そして、これらの再開発ビルのほとんどに商業集積が併設される計画で、神田駅周辺の商店街では競争が一段と激しさを増すことが予想される。

○商店街の枠を超えた戦略の実施

競争激化により、神田がただの手軽に利用できる飲食店街になってしまう恐れがある。神田の本来の姿は、レトロなまちなみと下町情緒豊かなふれあいのあるまちであり、お客様は商店街を目指して来街するのではなく、神田という地域を目指して足を運ぶのである。来街を促進するためには、神田駅周辺の商店街が地域の人たちに情報を発信していくことが重要であり、駅周辺の商店街を巻き込んださまざまなイベントが企画されている。

平日以外の集客を目指して

秋田県湯沢市の物産販売

神田の商店街の場合、来街者のほとんどは周辺に勤めるサラリーマンやOLであり、土日は極端に来街者が減少する。そのため、土日を休みにする店が多く、土日の街区はゴーストタウンの様相を呈していた。しかし、神田駅周辺に生活者がいないわけではなく、土日に仕事をしている人も多い。そこで、平成18年9月の神田技芸祭に合わせて、土曜日の集客を狙った土曜縁日共同企画を実施した結果、平日と異なる層の来街者を掘り起こした。土曜日でも、やり方によっては集客できることが証明されたのである。

神田駅周辺商店街連絡会の結成

神田駅周辺には、5つの商店街（神田ふれあい通り商店会、神田駅東口一番街商店会、神田駅前商店会、神田駅西口商店街振興組合、出世不動通り商店会）がある。神田技芸祭などは、従来から5つの商店街の協業によって実施している。

このように、商店街の協業をより効率的に実施するには、商店街の枠を超えた組織が必要と考え、西口商店街が音頭をとり、平成19年の神田技芸祭の折に、第1回神田駅周辺商店街連絡会が開催された。そこでは、5商店街と財団法人まちみらい千代田のメンバーが集まり、神田地区の活性化を目指して、商店街の垣根を越えて協業の活動を行うことを決議した。この連絡会は以後も継続され、技芸祭や駅からハイキングなど、協業が必要なイベントでは重要な役割を担っている。

JR東日本「駅からハイキング＆ウォーキングイベント」との連携

神田は、昔から職人や町人のまちとして、粋でいなせな江戸っ子が暮らしてきた場所であり、現在でも、戦災を免れて残る風格ある建築物や歴史的な旧跡が多く見られる。西口商店街では、JR東日本との協業により、神田駅前からスタートし、これらの名所・旧跡をめぐり西口商店街の佐竹稲荷前をゴールとしたコースを設定し、まち歩きイベントを実施している。商店街で作成したコースの地図には、各ポイントでの特典や店のクーポン券などがついている。

日本橋と合同で作成した「江戸古町乙女さんぽ地図」
（江戸古町まつりパンフレットより転載）

また、神田駅周辺には青果店がないため、西口商店街の主催で毎月、新鮮・安全な産直野菜を販売する夕焼け市を開催しており、勤め帰りや近隣の人たちに大変好評である。さらに、日本橋から神田駅までの中央通りを会場として企画された江戸古町祭りは、平成23年度は東日本大震災の影響により中止となったものの、平成25年3月開催に向けて準備が進んでいる。

○成功のポイントと今後の課題

以上、バブル崩壊から今日まで、神田駅西口商店街は、環境変化を先取りして発展してきた。その成功要因は、商店街の枠を超えた駅周辺商店街との協業であり、仕掛人である西口商店街の秋山利昭理事長の強力なリーダーシップと実行力、そしてそれを支える周辺商店街役員の方々の努力を見逃してはならない。最後に、これからの神田の課題を、秋山理事長の言を借りてまとめてみたい。

「いままでは集客のイベントを実施してきたが、これからは社会インフラの充実に力を入れて、来街者の利便性・快適性の向上と省資源活動の推進に努めたい。そのためには、街路の改修による快適性の向上、街路灯のLED化によるエコ活動の推進、JR東日本のSuicaにクレジット・ポイントなどの機能を持たせたICカードによる利便性の向上を推進したい。さらに、神田ブランドを立ち上げて浸透させ、神田の名の一層の知名度向上を図りたい」(秋山理事長)

神田駅西口商店街が、これからも環境変化を先取りして発展を続けることを期待したい。

絆（きずな）をテーマにして、地域に安心･安全を提供する商店街

高岡　淳平

○テーマは「絆（きずな）」

平成23年3月11日、東日本を襲った未曾有の大震災は、日本人の価値観に大きな変化を与えた。人は、大自然の前にはまったくの無力である。だからこそ家族と、地域の人々と、そして被災を受けた方々と支え合って生きていかなければならない。日本人は、「絆（きずな）」の大切さを再認識した。

実は、その絆を活動のテーマに据えて、10年以上前から地域の活性化に取り組んできた商店街が豊島区にある。池袋本町４商店会だ。

豊島区と言えば、おばあちゃんの原宿として有名な巣鴨地蔵通り商店街などが、広域型として圧倒的な知名度を誇るが、西のターミナル・池袋のバックヤードとして、地味ながらこれぞ地域密着といった活動を行うこの商店街にスポットをあててみたい。平均的な規模の商店街の方々に、ぜひ参考にしていただきたい取組み事例である。

○池袋本町４商店会の概要について

① 構成商店会

池袋本町４商店会は、次の４つの単位商店会（任意団体）で構成されている。

図表１：商店会概要

単位商店会	会長	会員数	発足
池袋本町中央通り商店会	村上　宇一	96	昭和 45 年
池袋本町通り商店会	奈良　芳樹	80	昭和 24 年
ふれあいロード北池商店会	中村　勝則	38	昭和 30 年
池袋協和会	名取　　彰	20	昭和 16 年

（平成 24 年6月30日現在）

② 中心商圏

池袋本町４商店会の地図

東側から北側にかけて東武東上線がカーブを描き、その南側で南辺を川越街道に、西辺を山手通りに囲まれたエリアである。行政単位では、池袋本町１～４丁目とほぼ一致する。夜間人口約１万６千人、60 歳以上の比率約 27％で、意外に若者・子育て層も多い。

③ 主な商店街活動とその特徴

図表２：商圏人口

（単位:人）

	池袋本町１丁目		池袋本町２丁目		池袋本町３丁目		池袋本町４丁目		合計
	男性	女性	男性	女性	男性	女性	男性	女性	
0 ～ 19 歳	166	166	206	156	175	164	557	582	2,172
20 ～ 39 歳	654	472	657	455	460	378	1,192	1,166	5,434
40 ～ 59 歳	520	355	447	330	429	324	1,075	981	4,461
60 ～ 79 歳	322	352	341	414	439	429	600	651	3,548
80 歳～	69	138	70	129	84	179	86	214	969
小計	1,731	1,483	1,721	1,484	1,587	1,474	3,510	3,594	－
合計	3,214		3,205		3,061		7,104		16,584

（出典：豊島区住民基本台帳　平成24年1月1日現在）

・ポイントカード・きずなカード事業
・NPO 法人街づくりネットワーク（商店会の実働部隊）の運営
・おたすけクラブ（地域の高齢者支援互助組織）との連携
・池袋本町コミュニティセンター（本町ホール）の運営（NPO 法人が代行）

七夕まつりの風景

・山形県遊佐町（平成７年５月：豊島区と防災協定締結、平成16年８月：豊島区と友好都市協定締結）との交流事業
・七夕祭りの開催（6月下旬～７月上旬：ポイントカードと連携）
・池袋本町地区としま商人（ふれあい）まつりの開催（10月上旬：遊佐町参加）
・中元／歳末福引の開催（ポイントカードと連携）
・町会と連携した防犯カメラの運用
・宅配・ご用聞き事業と独居老人の見守り支援

④ 活用可能な地域資源

・豊島区立池袋中学校（池中）、豊島区立池袋第二小学校（池二）、豊島区立文成小学校（文成）と多くの学校が商圏内に位置しており、商店街と密接な関係を築いている。ふれあいロード北池商店会、池袋協和会の会長がそれぞれ池二、文成の同窓会会長を長年務めていたり、現役の生徒たちには七夕祭りの短冊に願いごとを書いてもらい、商店街の軒下に吊るしたりといった交流も行っている。
・同じく商圏内には、建速須佐之男命（たけはやすさのをのみこと）などの神々を祀る池袋氷川神社が位置し、池袋本町全域を氏子地域としている。９月例祭や７月１日のお山開きには、NPO 法人を通じて行事に協力している。さらに、ここには珍しく境内に土俵が設置されていることから、毎年７月中旬に地域の子どもたちを集めて奉納相撲が開催されている。運営は地元・宮元町会の若手が中心となって行っているが、多くは商店街関係者でもある。

○ポイントカードの名称もズバリ「きずな」

池袋本町４商店会は、平成19年10月１日に共通ポイントカード・きずなカード事業を立ち上げた（一部商店会は、スタンプシールからの切り替え）。その名称には、商店街と地域住民とが一体となって、思いやりにあふれたまちづくりをしたいという熱い思いが込められている。

具体的には、カードデザインを決定するにあたり、地元の学生を中心に公募した。また運営にあたっては、地域イベントに絡めるのは当然として、福祉の面も取り入れ、高齢者ボランティア活動と連携させている。

きずなカード

① ポイントカードの概要

・参加店舗：59
・発行手数料・年会費：無料
・有効期限：発行日から２年
・100円お買い上げごとに１ポイント進呈・満点式（400ポイントで500円の買い物券と交換）

② ポイントカードの特徴

・商店会の実働部隊であるNPO法人街づくりネットワークが、ポイントの発行・回収・残高管理などすべてを運営している。
・商店会に支店を持つ３つの金融機関（２金庫・１信組）すべてが、満点カードの現金化に協力、交換事務を代行している。
・商店会と連携しているおたすけクラブのボランティア活動に参加すると、ポイントがたまる仕組みとなっている。

○おたすけクラブとの連携

① おたすけクラブとは

おたすけクラブは、高齢者の生活支援を念頭に、平成12年7月に結成された地元・池袋本町を中心とした互助組織で、会員になると掃除、洗濯、買い物代行、通院の付き添いなど、受けられる支援内容は多岐にわたる。活動拠点は、商店会の本町ホールに置いている。

また、地元で高名な在宅医療を推進している医師が協力して開発された、電気ポットを利用した独居老人の安否確認システムは、このおたすけクラブによって運営されている。お年寄りが毎日電気ポットを使用しているか、異変は起こっていないか、日々見守りを続けている。

② 商店会（NPO法人）との協働

おたすけクラブでボランティア活動を行うと、10分100円のクーポン券を受領する。これが5枚たまると、満点カード（500円相当）と交換できる。この満点カードは、店での買い物に利用できるほか、イベントの福引参加や買い物券（750円）との交換、ボランティアクーポン券6枚（600円相当）への交換も可能とし、差額はNPO法人が負担する仕組みになっている。

○成功のポイントと今後の課題

まず挙げられる点は、「人財」である。顧客の高齢化という地域に共通する問題点をいち早く各商店会長が共有し、強力なリーダーシップを発揮しながら、きずなという1つのベクトルに束ねて、活動を進めている。各商店会長とも、経験10年超のベテランぞろいであり、人心掌握力も高い。中でも、池袋本町中央通り商店会会長の村上宇一氏は、豊島区議会議長（平成24年5月就任）につくほど人望も厚い。

一方、実行部隊の司令長官とも言えるNPO法人街づくりネットワーク理事長・青木正典氏の行動力も群を抜いている。美容室を経営するかたわら、ポイントカードの運営をはじめ、多くの商店街事業の運営を取り仕切ってきた。現在は新たに、宅配・ご用聞きサービスという非常に難しい事業に取り組んでいる最中である。

もう１つのキーワードは、「強い信念」である。地域とのきずな構築に商店会活動の舵を切って以来、一貫して高齢者生活支援を商店会活動の柱の１つに据えてきた。おたすけクラブとの協働、きずなカードの立ち上げ、そして直近の宅配・ご用聞きサービスと事業を発展させてきたが、さらに現在、着々と準備を進めている企画がある。最新のカメラ技術を活用し、独居老人の安否を確認するシステムである。宅配・ご用聞きサービスと両輪をなすものであり、地域在住高齢者のさらなる安心・安全を目指すものと言える。

「宅配・ご用聞きサービス」のパンフレット

ユニバーサルデザインやシルバーカードを活用して、高齢者にやさしい商店街づくりを行っている事例は数多く見受けられるが、ここまで踏み込んだ高齢者生活支援で、地域のきずなを深めている商店街は、それほど多くはないであろう。

個性豊かな商店が地元に密着！声と匂いのある懐かしい商店街

松原　憲之

○地域に密着した安心・安全な滝野川市場通り商店街

滝野川市場通り商店街の概要

滝野川市場通り商店街は、JR 埼京線板橋駅東口から約 200m、徒歩約５分の東京都北区滝野川７丁目周辺に位置する。大型総合スーパーであるコモディイイダ滝野川本店（以下、コモディイイダ）を核として、共存共栄を図ってきた商店街である。全長約 280m の両サイドには、生鮮品、理美容、物販、飲食などを中心に、52 店舗（平成 24 年３月現在）が軒を連ねている。その商圏は北区にありながら、板橋区、豊島区にも広がっており、どこか懐かしく、人の温もりが感じられる商店街である。商店街振興組合として、平成７年に街路灯とアーチを設置し、平成 21 年には改修のうえ、LED 化を図った。

商店街マップ①

滝野川市場通り商店街の歴史

昭和25年、戦後の焼け跡の中、飯田マーケット（現・コモディイイダ）のトタン屋根の下に、小さな商店が密集して始まったこの商店街は当初、浅草商盛会と称していた。

昭和40年代に入ると、「ペルシャの市場のような賑わい」と紹介されるほどの活況を呈し、露天商が数多く出店し始めるようになる。特に生鮮三品が強く、通常の３～４割以上も安く買えると大評判であった。夕食の買い物時ともなれば、まち全体が蜂の巣をつついたような騒ぎになり、威勢の良いかけ声とともに、至る所から美味しそうな匂いが漂っていた。現在でも、お客様と店員とのやりとりが活発に行われている当商店街は、買い物における楽しみと親しみやすさをいまに伝えている。

滝野川周辺地域の今昔

現在のJR埼京線板橋駅は明治18年に開業したが、当初、駅舎は西側にしかなかった。昭和28年になり、ようやく土地区画整理事業の一環として、東口駅舎が実現した。板橋駅東口から滝野川さくら通り、谷端小学校、南、北谷端公園周辺には桜並木が続いており、春になると桜色で埋め尽くされる。当商店街でも４月上旬になると、30年以上も続く滝野川さくら祭りが開催され、お花見をしながら買い物ができるという楽しみがある。

また、平成14年から毎年４月下旬頃に開催されている滝野川新撰組まつりは、JR板橋駅東口周辺に点在する５商店街（滝野川さくら通り商栄会、御代の台仲通り商店会、きつね塚通り商店会、滝野川銀座商店会、当商店街）が共同で実行委員会を組織し運営にあたっている。東口駅前にある新撰組局長・近藤勇の墓所（平成15年12月10日北区指定有形文化財）を歴史的資産として活用することにより、地域活性化を図っている。まつり当日には、全国から集まった新選組同好メンバーによる殺陣パフォーマンスや、地元有志による和太鼓などが披露され、多くの来街者を呼び込む一大イベントとなっている。まち歩きやまちなか観光が静かなブームとなる中、9年目を迎える当イベントは、しっかりと地元に定着している。

一方で、外部環境に激変の予兆がある。平成25年に、JR埼京線板橋駅が全面改装を予定していると言われ、エキナカ施設の有無も含め、周辺商圏や動線に多大な影響を与えることが予想されているのだ。また、平成24年10月には、中山道を少し越えた所に幼稚園から高校までを備えた東京国際フランス学園が開校し、約900人の学生が新たに転入した。家族まで含めると、少なくとも倍以上の人数が世帯として新規流入したことになる。現在、5商店街が協力して、歓迎の意味を込めて、近隣商店街の買い物マップを作成する計画を練っている。

滝野川新撰組まつり

このように、滝野川周辺地域が変わりつつある中で、当商店街では会員店舗の減少に歯止めがかからないという問題を抱えている。特に深刻なのは、「市場通り」商店街という名前が示すとおり、生鮮三品が特徴であるにもかかわらず、関連する店舗の廃業が続いていることだ。直接的な要因として、従来の店舗を新築ビル（マンションなど）に更新する際、営業を継続せずに、撤退してしまうことが挙げられる。それでも、コモディイイダが受け皿となることで、地元住民の買い物難民化は避けられているが、商店街全体の質的要素をいかに維持するかという長期的な課題に直面している。

○地元密着と安心・安全への取組み

地元高齢者を対象にしたふれあい食事会

滝野川市場通り商店街では、毎週土曜日に、地元在住の高齢者とのコミュニケーションを深めるため、ふれあい食事会を開催している。この取組みは、北区健康福祉部健康いきがい課からの提案でスタートした、地元に根差した地道なコミュニティ活動で、今年で8年目を迎える。会場は、商店街のお休み処@新鮮組を活用し、商店街会員の4商店（寿司店、蕎麦店、中華料理店、弁当店）がかけ持ちでお弁当を作っている。当商店街では、生鮮三品を得意とする商店が多かったこともあり、それらを加工した惣菜店や飲食店がいまでも存在している。まさに、「市場通り」商店街ならではの思いの込もったお弁当である。

高齢者を対象にしたこのような食事会は現在、北区内40ヵ所で実施されているが、商店街が直接協力している食事会は当商店街だけとなっている。また、世代を超えた地元住民のコミュニケーションを促進するために、近隣の小学生（谷端小学校）がボランティアとして毎回参加しているのも特徴的だ。自宅にこもりがちな高齢者の方にとって、若い世代、特に孫にあたる世代との交流は、日常生活における活力となるばかりか、ささやかな楽しみの1つにもなり得るだろう。

一方、定期的に開催されることで、見守りサービスの側面や、旬の情報交換の場としても機能している。たとえば、地元で起きた振り込め詐欺などのリスク情報を共有することで、参加者への注意喚起や、適切な対応を促すことも可能となる。地元コミュニティの核としての役割を期待される当商店街にとって、高齢者対策とともに、地元密着を具現化する貴重な取組みとなっている。

高齢者ふれあい食事会

街路灯の改修と防犯カメラの設置

LED 街路灯改修と防犯カメラ設置

東京都北区では、商店街街路灯 LED 化推進事業として、街路灯のLED 化については全国でもトップレベルの支援を行っている。平成21 年、当商店街でも補助率９／10 による支援を活用し、老朽化した街路灯をLED に一新した。支援情報をいち早く把握し、自らの商店街への実現可能性を分析して迅速に申請を行った結果であるが、当商店街会員の目標に向けた一体感や、役員のリーダーシップ、意思決定の速さには、組織運営上、学ぶべきところが多い。

コンパクトできらめき感のあるLED の街路灯は、従来の明るさを確保しつつ、商店街の賑わい感も演出している。省エネの効果として、街路灯で約 80％、投光器（アーチ部分）で約 89％の消費電力低減を実現した。また当商店街では、街路灯の改修に伴って、スピーカーや交通標識、商店街サイン看板なども取りつけられた。さらに防犯カメラの設置も行われ、安心・安全な商店街として、着実に機能強化を図っている。

○にぎわい再生プロジェクト推進事業

産学官で緩やかなネットワークを形成

商店街が地域経済の一翼を担い、活力を継続的に発揮していくためには、経営資源に乏しいという問題を克服する必要がある。ましてや、当商店街のような会員店舗の減少による経営資源の縮小均衡は、全国の商店街にとっても共通の課題だ。打開策の１つとして、商店街が大学などの機関と連携し、ネットワークを形成していくことにより、外部の経営資源を活用し、自らの乏しい経営資源を補完していくことが挙げられる。当商店街でも、新たな付加価値を創造するために、行政や大学と連携してにぎわい再生プロジェクト推進事業に参加し、多面的に考察することになった。

商店街にぎわい再生プロジェクトの推進

平成19年に行われた㈱三菱総合研究所によるアンケート調査（中小企業白書）でも明らかなように、商店街は、今後の総合的な事業展開を考えるうえで、外部リソースとの連携を期待している。

一方、東京都北区では、平成20年1月に北区産業活性化ビジョンが策定され、その具現化を図るために、商店街にぎわい再生プロジェクトの推進が計画された。そして、この2つの潮流が合流したのが、当商店街、東京成徳大学、東京都北区の産学官連携である。平成24年3月の報告書の中で、①コモディイイダとの連携深化、②快適な買い物空間づくり（駐輪対策など）、が再生への具体策として提案されている。

○成功のポイントと今後の課題

産学官連携で提案された具体策とともに、従来からの強みを発展させる試みも継続して行われている。個性豊かな商店から逸品を集め、「市場通りブランド」と名づけてアピールしているのが一例だ。独自加工による鰹節店、プロ資格を有する専門家からアドバイスを受けられる日本茶店、多様なランを取りそろえる生花店など、当商店街ならではの専門店を推進力にして活性化を図っている。今後、産学官プロジェクトと、当商店街が持つ強みを融合させることによって、現在抱えている課題を少しでも解消できると確信している。

地域連携で一歩先を行く、安心・安全、文化、環境のまちづくり

廣部　光紀

○蓮根は地下鉄三田線とともに

はじめに

都営地下鉄６号線、いわゆる三田線は、板橋北部と都心を結ぶ区民の足として、昭和43年に高島平・巣鴨間が開通した。蓮根は終着の西高島平から５駅目、１日の乗降客数17,000人程度の小さな駅である。ここでは、蓮根駅の

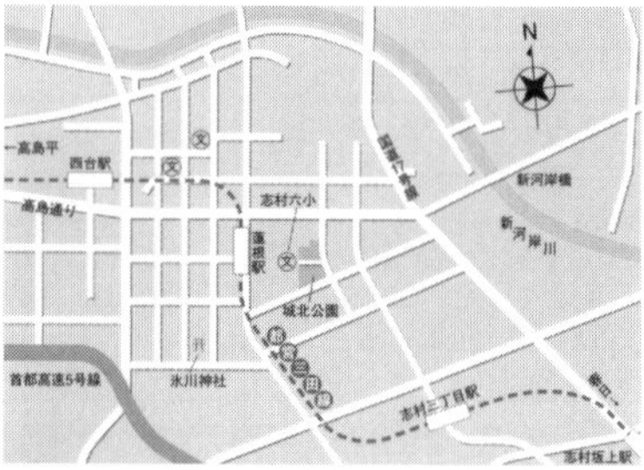

蓮根駅周辺地図

はすね・ほっとマップ

周辺に位置する蓮根中央、はすねロータス、蓮根駅前通りの3商店会が地域と連携して進めている「はすね・エコ・キャンパスプロジェクト」の取組みをご紹介する。ちなみに、「エコ・キャンパス」とは、「エコを学ぶ場所」という意味を込めたネーミングである。

3商店会の生い立ち

蓮根は、昭和初期までは、やせた農地と湿地が広がる武蔵野の原野であった。第2次世界大戦前、周辺地域に誘致された軍需工場は、終戦を契機に平和産業化される。新日本製鐵（現：新日鉄住金)、大日本インキ化学工業（現：DIC)、高砂熱学工業、東京光学機械(現・トプコン)、日本光学工業（現・ニコン）といった企業の工場が立ち並び、戦後日本の復興を牽引するとともに、蓮根の購買需要を支えた。

昭和32年には、住宅公団による勤労者住宅として、現在の蓮根駅の西側に総戸数816戸の蓮根団地が建設される。これと前後するように、団地の南側には蓮根中央商店会（ハミングロード）が形成されていった。その後、昭和43年に三田線が開通すると、蓮根駅と既存商店街の間に、現在のはすねロータス商店会や蓮根駅前通り商栄会となる店舗群が順次、立ち並んでいった。

発展期（昭和40年代～平成初期）

昭和40年代にスーパーマーケット業態が米国から輸入されると、板橋区内にも次々とスーパーが出店した。昭和50年には、近隣の中台地区に全国チェーンの大型店が出店を表明。危機感を募らせた地元商業者は、足かけ2年に及ぶ調整の結果、出店条件の一部変更で折り合っている。

その後も量販店との競合は続いたが、周辺農地の宅地化に伴う商圏人口の増加や国民所得の伸びなどもあり、商業環境としてはおおむね平穏に推移した。

退潮期（平成バブル崩壊後）

商業統計によれば、3商店会の年間販売額の合計は、平成3年の377億円をピークに、平成19年には202億円まで落ち込んでいる。商店数も、312店舗（平成3年）から155店舗（平成19年）に半減した。この間、周辺に立地する工場の撤退・移転に伴う需要減はあったものの、跡地のマンション開発などが進んだため、商圏人口は減ってはいない。商業環境が厳しさを増した背景には、量販店の出店だけでなく、消費者意識の変化があることも見逃せない。

転機（リーマン・ショック以降）

平成20年9月のリーマン・ショックにより、3商店会の売上は大幅に落ち込んだ。これをカバーするための取組みが模索され、新規客の掘り起こしにも大きな期待がかかった。もともと蓮根は、同じ板橋区の北西部に位置する高島平と比べて、認知度が低いという悩みがあった。昭和47年に建設された高島平団地は、当時では珍しい14階建1万戸規模の大規模団地で、「高層団地の高島平」のイメージを作り上げていた。それに対して蓮根は、冒険家・植村直己の偉業を後世に伝える植村冒険館が商店街の中にあることすら、地元以外ではあまり知られていない。

○安心・安全、文化、環境のまちづくり

エコ・キャンパス協議会発足

このような背景の中、平成21年9月、行政の呼びかけにより、3商店会・2町会・学校関係者などから構成されるはすね・エコ・キャンパス協議会が発足した。「商店街発の『安心・安全』、『文化』、『環境』のまちづくり」をキャッチフレーズに、地域と商店街が一体となった取組みが始まったのである。発足当初から、東京都が公募する地域連携型商店街モデル事業の指定を受ける方向で、関係者のベクトルはそろっていた。

具体的な取組み内容

協議会での検討を経て、平成22年度に東京都地域連携型モデル商店街事業の指定を受け、数々の事業を検討・実施している。現在は、都のフォローアップ事業として専門家のサポートを受けながら、暮らしやすい地域社会の担い手としての商店街を意識した取組みを推進中である。主な活動内容は、下表のとおりである。

緑のカーテン

	事　業	取組状況
安心・安全	防犯・防災マップ	オリジナルマップを作成済。イベントごとに参加者に配布中。他地域（坂上・前野町）にも同様のマップの制作伝播中。
	防犯カメラ	地域の街路灯に32台設置済。ニーズに応え、3台増設予定。
	緊急地震速報	未実施。速報発信時の影響を見極めるべく、行政と調整中。
	公衆無線ＬＡＮ	基地局１ヵ所設置済。利用者数の推移を見ながら、今後の進め方を検討予定。
文化	シンボルマーク	はすの花をデザインしたオリジナルマークを作成、活用中。
	オリジナルレシピ	試作6品目となるレンコンのチーズ焼きなどを販売中。一部改良を加え、B級グルメイベント化の方向で、引き続き検討中。
	新規イベント開催	**【レンコン祭り】** かすみがうら市と連携して成功裏に開催。**【はしご酒】** 飲食関連12店舗が参加して実施。参加者に地域内を回遊してもらう（＝はしご酒）効果あり。オリジナルレシピとの組み合わせも検討中。
	落書き110番	警察署および塗装業組合と連携して、地域内の落書きを除去。地域の人たちの防犯意識の向上と落書き抑止を図れた。
	交流拠点づくり	既存店舗の改装を実施し、昼間は交流拠点（ランチカフェ）、夜は居酒屋として運営中。子ども向けサッカークラブ創設。
	地域情報発信	駅前掲示板を新設したが、あまり目立たないので改善が必要。別途、ホームページの内容も一層充実を図りたい。
環境	みえるエコ	駅前通り商店街で街路灯をＬＥＤ化済。商店街会員向けのＬＥＤ貸出事業は、ＬＥＤ照明価格下落のため、現在停止中。
	打ち水運動	他組織と連携し、打ち水大作戦イベントを毎年開催。
	緑のカーテン（店頭植栽の設置）	従来より、はすねロータス商店街で共通の話題づくりとして実施していたもの。3商店街に拡大して実施中。

○成功のポイントと今後の課題

小さな成功から

さまざまな利害関係者が集う協議会の中では、積極的な提案やアイデアは出るものの、慎重な意見もあり、足並みがそろわないことも多い。蓮根の場合は、東京都の補助事業を活用し、総事業費を700～800万円とコンパクトに収めたことで、合意形成のハードルを下げられた。

さらには、個々の事業の効果を見極めるために、最初は小さくトライしている。落書き110番では、商店街は企画段階から関与しつつ、落書きを消す作業と防犯チラシなどの配布で汗をかいた。費用はすべて警察持ちで、ノウハウと用具は塗装業組合から提供してもらっている。実施してみると、「町内がきれいになった」、「落書きが減った」など、評判は上々だ。「成功したら皆、乗ってくるものですよ」と関係者は語る。

相乗効果を高める

たとえば、防犯カメラを設置するだけでなく、警察OBによる防犯活動アドバイザーや商店主有志による防犯活動サポーターを置くことで相乗効果を高めている。そして、この取組みを防災・防犯マップにして配布することで、地元の理解と好感を得た。さらに、マップにレンコン祭りや打ち水イベントの写真を入れることで、これらのイベントの認知度アップを狙っている。

前述した落書き110番も、打ち水イベントと同時開催だ。このように、いくつかの事業を並行して進め、各事業を上手に絡ませることで、少ない資金負担で、最大限の効果を

打ち水イベント

引き出す工夫が見てとれる。

今後の課題

3商店街180店舗で、取組み中の各事業に対する理解度や共感度に温度差がある。関係者の求心力を保つには、各事業を各店の売上アップに結びつける必要がある。そのためにも、来街頻度を高めるにはどうすれば良いか、商店街内の回遊性を高めるにはどうすれば良いか、各店の魅力を高めるにはどうすれば良いかの3つの視点から、各事業をさらにブラッシュアップしてもらいたい。

第3章

ブランド・逸品を育てる

世田谷区　東深沢商店街
港区　六本木商店街
台東区　上野商店街連合会
墨田区　墨田区&おしなり商店街
板橋区　板橋イナリ通り商店街

閑静な住宅街で展開する
地元愛とこだわりの一店逸品運動

山下　哲

○東深沢商店街の特色と歴史

緑豊かで閑静な高級住宅街

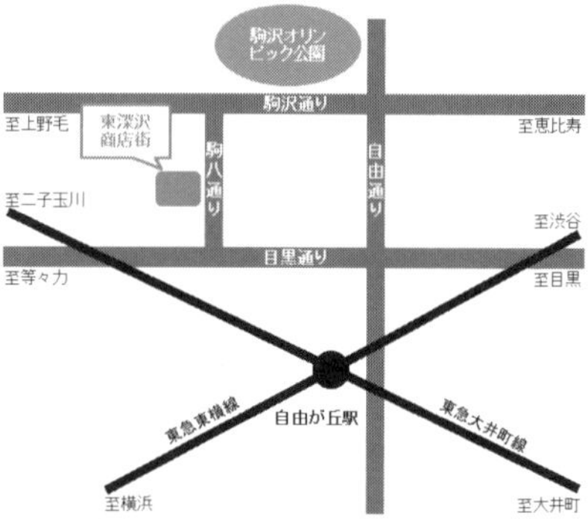

交通図

東深沢商店街が所在する世田谷区深沢３丁目近辺は、区の東南部に位置し、東急線の自由が丘駅からバスで10分ほどの場所に位置する。交通の便は決して良いわけではないが、桜並木で彩られた呑川緑道が横断し、少し足を伸ばせば駒沢オリンピック公園もある。雑踏から解放され、かつては王貞治や森進一も居を構えた閑静な低層高級住宅街である。近年は、平成16年に東京都立大学理工学部跡地に地上19階建ての大型マンション・深沢ハウスが建設され、新しい住宅地としての一面も見せているが、昔からのたたずまいは色褪せていない。

近隣には、学校など教育関係施設が多いのも特徴である。商店街に隣接する世田谷区立東深沢小学校や社会福祉法人愛隣会めぐみ保育園のほか、徒歩５分圏内だけでも等々力小学校、東深沢中学校、学芸大学附属世田谷小学校・中学校が所在し、子どもの教育や養育環境への関心が高い地域である。

一方、閑静な高級住宅街であるが故に、駒沢オリンピック公園以外は人をひきつける歴史・文化などの地域資産が存在しないのも現状である。

下町情緒的雰囲気を醸し出すエーダンモール深沢

東深沢商店街は、東は駒八通り、北は東深沢小学校および呑川緑道に面する、約170m四方の比較的小さな商店街である。別名・エーダンモール深沢とも呼称されているが、この「エーダン」の命名は、第2次世界大戦後、戦災者用として建設された住宅（住宅営団）地域に、自然発生的に形成された商店街であることに由来している。

商店街内にはカラー舗装やLED街路灯を施し、駒八通り沿いのおしゃれな飲食店には、若い主婦層がランチに集う姿も見られるが、全般の雰囲気は、周辺住宅の高級感とは一線を画している。昔ながらの鮮魚店・精肉店・青果店の生鮮三品店や食品ミニスーパーがそろい、買い物ついでに何気ない会話が交わされるなど、山の手でありながら下町情緒的なものを感じさせる。

こうした特徴を持つ東深沢商店街であるが、来街者が楽しめる定例的なイベントとして、土曜市、桜まつり、金のなる木、街角コンサートなどを開催している。これらは、PTA・町会などとの共同による手づくり感覚にあふれたものが多く、見ているだけで、この商店街を中心に地域が1つのコミュニティになっていることを実感できる。

○商店街活性化への取組み

地元の声重視の計画・施策推進、行政支援の積極活用

東深沢商店街も、多分の商店街と同様、昭和30～40年代の最盛期と比較して、組合員数や来街者数・売上高の減少などの問題を抱えている。商店街理事会は、こうした問題への危機感から、活性化へ向けての計画を立案し、行政支援を積極的に活用した。この中で一貫・徹底しているのが、地元の住民および団体の声をしっかり聞

き、彼らとともに推進しようとする姿勢である。

平成20～22年度に実施された区の商店街支援策である生活支援拠点型商店街事業では、組合員アンケートや通行量調査に加え、消費者アンケートや町会・小中学校PTAなどの地域代表者との懇話会を設置した。そして、こうした地元の意見を積極的に取り入れた活性化5ヵ年計画を、キャッチフレーズ「笑顔輝くエーダンモール深沢」として立案した。消費者アンケートなどでは、現状に対する厳しい評価も受けた一方、「特徴のある商品を持つ店の増加を希望する」、「賑やかさよりも静かな会話を楽しみたい」との期待の声やエコロジーへの関心も強く、これらに応える方針とした。当事業では、中長期基本計画に加え、施策レベルの方向性にまで踏み込んだ方針決定を行った。その中の1つとして、呑川緑道の桜にちなんだ桜のロールケーキの試作・販売を具体化させている。これは、後述する一店逸品運動の端緒となっていく。

またさらなる具体的な施策の拡大展開を企図し、平成23年度の国の地域商店街活性化法に基づく計画を申請、認定を取得した。その内容は、商店街のオープンテラス化と一店逸品運動を柱とし、「できることからコツコツと」を旨とする、より実行計画色の強いものであった。

オープンテラス化では、商店街事務所を改装し、車椅子でも利用可能な、ふれあい広場と称する無料のお休み処の開設を中心に据えて、これにエコステーションと住民間交流の機能を盛り込むこととした。そして、これらの実効性にも配慮し、前者においては空き缶回収機の設置に加え、利用比例で買い物と交換可能なポイント還元を行う仕組みを導入した。後者においては、自由

「ふれあい広場」写真

談笑の場としての開放に加え、ふれあい交流会と命名し、地元小学生と65歳以上の高齢者との世代間交流の場をセッティングするなどの工夫を施した。なお、ふれあい交流会では、高齢者ならではの昔遊びなどの伝承も行われ、参加小学生にとっては普段体験できない文化に触れる機会を得るなど、副次的な効果も生まれているようだ。

空缶回収機

周到かつ計画的な一店逸品運動

注目したいのは、もう一方の柱である一店逸品運動である。同運動を展開している商店街は多数存在するし、東深沢商店街の取組みもまだ発展途上段階にある。しかし、その推進方法は周到かつ計画的であり、これから同運動を検討する商店街にとっても大いに参考になることから、以下に掘り下げて紹介する。

① 逸品のコンセプト

逸品運動では、各店舗が自家製の商品に固執するケースが散見されるが、業態により、商品の選別や加工に強みを持つ店も存在する。また東深沢商店街には、昔ながらの小さくても仕事にこだわりと特長を持った店が多く存在している素地があった。運動のコンセプトは、これらの素地を活かし、自製・他製にかかわらず、とにかく自信を持って勧められる商品を幅広く地元住民に提供し、知ってもらおうとの枠組みでスタートさせている。

② 組合員研修

当初、多くの組合員において逸品運動に対する認知度が低い状況だったことを踏まえ、展開に際しては教育研修を重視した。逸品研修と名づけられたこの研修では、近隣在住の中小企業診断士の指導を受けながら、運動の本質と継続することの意義の理解、自店の特長・強みの分析、他商店街の取組み事例紹介などを内容の中心に据え、啓蒙と基礎固めを図った。加えて、逸品の販売に向け、ロールプレイを交えて実践性に配慮した販売促進およびマナー研修を行った。現在では逸品研究会と名称を改め、組合員自身が追加の逸品開発と一層の運動盛り上げを目的として、能動的に検討・協議する場へと進化させている。

③ 逸品フェア

運動の周知は、ポスター、チラシ、マップ、のぼりに加え、積極的な顧客アプローチ策として、逸品フェアと題する逸品の試飲食会を開催している。集客に関しても、商店街キャラクターでマスコミにも取り上げられた「エモルちゃん」の活用や、逸品へのこだわりを効果的にPRした同フェア専用のチラシを考案・作成するなど、独自の工夫や努力を行っている。

以上、その推進方法に着目したが、平成25年1月現在、18店で逸品運動が展開され、近隣の学校からも運動参画・協力へのアプローチが起こり始めるなど、地元での関心は着実に高まっているようだ。逸品はたとえば、「ニクらしい手作りコロッケ」、「世田谷夏みかんのクッキー」、「おもしろ虫メガネ」、「深沢木箸」といったユニークな命名のものが多い。内容も、職人色の強い自家製品や、ミニスーパーでの販売ながら、淹れ方に応じて専門店レベルの味わいになるよう、自家焙煎で仕上げてくれるコーヒー豆など、個々に特

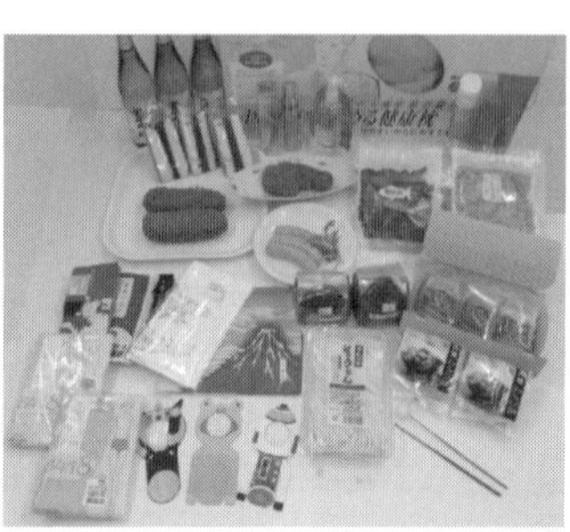
逸品ラインアップ

逸品フェア

長とこだわりがある。駒沢オリンピック公園で遊んだ帰りがけにでも少し足を伸ばし、逸品が一目でわかるのんびり散策・買い物マップを片手に、土産探しをしたり、店主たちに逸品へのこだわり・うんちくを聞いてみたりするのも楽しい。

○成功のポイントと今後の課題

商店街の特性を自覚した地元との密な連携

交通の便の悪い立地環境に加え、遠方からの来街を誘発する地域資産が存在しない近隣型商店街の現状を自覚し、地元住民と団体の声を重視する基本姿勢を貫いている。そして、彼らとの対話によるコミュニケーションやイベントなどにおける協力関係を、日常から積極的に築いていったことが、逸品運動をはじめとする事業・施策の円滑な推進を可能とさせている。

逸品の裾野拡大とブランドの確立

逸品の絶対数が少なく、展開する店の比率も低いことから、逸品運動はまだ発展途上段階にある。地元住民の来街頻度の向上、さらには商店街へ足を運んでいない住民の来街を促すには、発掘・開発・空き店舗を活用した誘致などにより、こだわりと特長を備えた逸品の裾野拡大を図り、商店街のブランドへと成長させることが課題となる。

IT 活用による効果的な情報発信

半径 500m 以内の想定商圏における人口の年齢別構成を見ると、近年のマンション建設などもあり、30 ～ 40 歳代の比重が高くなっている。この年代層への日常的な訴求力を高めるには、チラシなどの紙媒体に加え、ホームページ、Facebook、Twitter などを活用して逸品などのタイムリーな情報発信を行うこと、また、それを可能とする人材を養成・確保することが課題となる。

Art & Design をテーマに まちなみの変化へ挑戦

鉄尾　佳司

○六本木と六本木商店街の歴史

六本木の歴史

戦前の六本木は、六本木ヒルズ、東京ミッドタウン、国立新美術館など、近代的な建築物が立ち並ぶ現在の姿からは想像がつかない軍隊のまちであった。明治時代には、東京ミッドタウンのあたりに陸軍第1師団歩兵第1連隊、国立新美術館のあたりに歩兵第3連隊があり、軍人が闊歩するまちだったのである。

第2次世界大戦後、これらの駐屯地はアメリカ進駐軍に接収され、今度はアメリカ軍のまちとなった。六本木が外国人の多い繁華街として有名になったのは、このあたりがルーツである。

終戦直後は、戦前の上海をまねて東京租界と呼ばれ、外国人だけが行き交う時期もあった。しかし、世の中が落ち着き始め、アメリカ軍が引き揚げていくと、ここに芸能人や若者が集まり、華やかでおしゃれなイメージを持つ現在の六本木の原型が形成されていった。

六本木商店街

六本木商店街振興組合の前身・六本木商店会が誕生したのは、昭和40年である。その後、平成7年に六本木商店街振興組合に改組され、現在まで続いている。組合員数は約250名で、業種は飲食業、サービス・物販業、不動産賃貸業がそれぞれ約3分の1の構成である。物販業が比較的少なく、飲食業、サービス業、不動産賃貸業が多いのが特徴である。

六本木商店街は、六本木通りと外苑東通りが交差する六本木交差

六本木商店街周辺のマップ（出典：六本木商店街 HP“ラクティブ六本木”）

点を中心として、六本木3丁目から7丁目、さらに赤坂9丁目を加えた地域に広がる。

商店街では、平成19年に六本木商店街活性化協議会を立ち上げ、活性化計画策定の取組みを始めた。この活性化計画を実行することで、賑わいあふれるまちとして発展することを企図したのである。

Art & Design のまち・六本木

六本木は、戦後の高度成長期やバブルの時代を経て、ハイセンスな業界の人々が訪れる夜のまちとしてのイメージが定着した。一方で、ゴミ問題などの環境面や、違法な風俗営業や深夜まで営業する飲食店など、防犯上の問題も抱えていた。六本木商店街では、六本木安全安心パトロール隊を結成して夜間に巡回パトロールを行い、定期的に清掃を行うなど、地道なまちづくり活動を続けていた。

そうした中、平成15年に六本木ヒルズ、平成19年に東京ミッドタウンがオープンして、六本木ヒルズに森美術館、東京ミッドタウンにサントリー美術館、さらには、国立新美術館ができ、まちの様相が一変したのである。こうした新しい六本木の統一イメージのキャッチフレーズとして、「六本木　芸術散歩」が公募選定された。

○商店街活性化事業の取り組み

六本木の新しいロゴマークと
六本木交差点の景観

現在の六本木は、アートやデザインなどの関連施設が集積し、高感度な価値を発信している。これを地域の資源として活用することで、Art & Design のまちとしての統一イメージを確立することとした。具体的には、六本木のロゴマークを新たに作成し、首都高速の外装板に取りつけてまちの象徴とした。また、従来の夜のまちとしての顔だけでなく、美術やおしゃれな雰囲気を楽しむ昼間の客層をキャッチするため、六本木を回遊して飲食やショッピングを快適に楽しめるよう、環境や景観の整備を行った。

景観整備とブランド形成

① 六本木交差点の景観整備

六本木交差点の首都高速道路桁裏に、環境面と経済性に優れたLED灯を使用したデザイン照明を設置し、高架線下の薄暗い印象を改善した。

② 六本木ブランド商品の開発

デザイナーとコラボレーションしたオリジナル商品を開発し、六本木のブランドを広めることとした。その第一弾として、六本木のロゴやマップ、デザイナーズフラグ・コンテストへの出展作品などをデザインに取り入れたトートバックを商品開発した。

イベントの開催

① デザイナーズフラグ・コンテスト

フラグデザインの制作を募集し、毎年春の一定期間、入選した作品を六本木の街路灯に掲示した。Art & Designのまち・六本木をアピールするだけでなく、若手デザイナーの作品発表の場も提供す

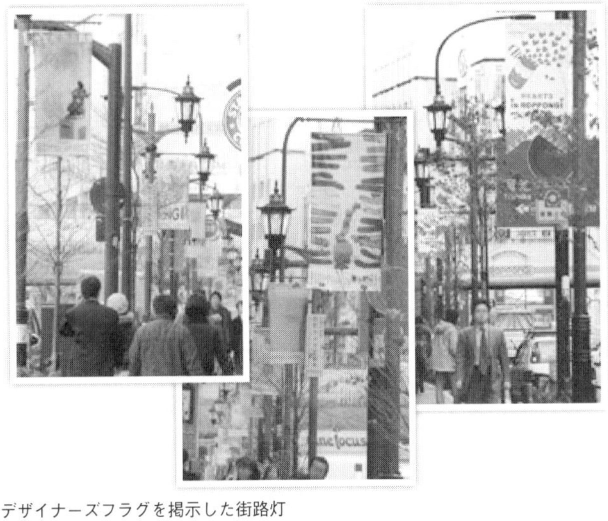

デザイナーズフラグを掲示した街路灯

ることとなった。

② フォトコンテスト

東京ミッドタウンに拠点を持つフィルム会社の協力を得て、毎年フォトコンテストを行い、入選作品を展示した。

③ アートイルミネーション

年末年始にかけて、六本木交差点の周辺をアートイルミネーションで装飾し、六本木ヒルズから六本木交差点を経て東京ミッドタウンに至るルートを、光の回廊として演出した。

○成功のポイントと今後の課題

統一イメージの形成

統一イメージを形成することは、まちのブランディングになる。すでに定着していた夜のまちのイメージを、Art & Design のまちにシフトするのだから、時間がかかるのは覚悟しなければならない。しかし、各種イベントを毎年定期的に実施し、六本木のロゴマークの浸透や六本木ブランド商品の開発を継続することで実現は可能である。心強いのは、六本木のロゴマーク、六本木交差点の首都高速道路桁裏の照明デザイン、フォトコンテストの審査など、さまざまな場面で六本木に関係する著名なデザイナーが参加していることである。Art & Design のブランド形成に大いに期待したい。

顧客の回遊性の向上

六本木ヒルズ、東京ミッドタウン、国立新美術館といった集客ポイントから顧客を個店に誘導する方法の1つとして、IT の活用が考えられる。六本木商店街の公式 Web サイト・ラクティブ六本木のコ

回遊性を高めるモバイル IT の活用例

ンテンツを充実させ、こまめに更新することが大切である。また、六本木の街路灯のポールに付近の地図を巻き、携帯電話のフェリカ機能と連携することにより、行きたい店を携帯電話上の地図に表示できるシステムも導入している。今後も、モバイル機能を回遊性の向上に役立ててほしい。

まちの安全・安心

地味ではあるが、巡回パトロールや清掃は、まちの安全・安心や、街路を清潔に保つ環境保全の基本である。六本木の居住者のみならず、来街者のためにも、今後も継続実行してほしい活動である。

商店街の組織力の強化

商店街の組織力の強化も忘れてはならない課題である。多くの店舗がArt & Designのまちづくりに参加することによってこそ、効果的な活動が展開でき、明確な成果に結びついていく。

まちは生きている。刻々と変化するまちなみを外部環境の変化と捉え、これを機会として積極的に活用する姿勢が、環境変化に対応しながらまちの活性化を推進することにつながるのである。

多様性を包み込む上野というまち
―広域型商店街連合会運営のヒント

村上　章

○歴史とともに歩んできた上野商店街の現状

多様性を容認する価値観の源泉として

上野地域は、江戸時代に徳川将軍家の菩提寺である寛永寺の門前町として栄え、明治以降は上野駅の開設とともに、東北や上越地方からの東京の玄関口として繁栄を築いてきた。

現在の上野商店街は、人々の集まりとともに自然発生的に形成されてきたと言えよう。そして、多くの人々が集まる地域であるが故に、歴史の中の出来事も経験値として蓄積されてきた。明治維新においては、上野の山を舞台として、官軍と彰義隊との上野戦争が行われた。第２次世界大戦後においては、空襲で焼け野原となった上野駅周辺のヤミ市に多くの人々が集まり、復興のマグマのごとく、さまざまな人間ドラマがくり広げられた。その後、高度成長期を迎え、アメ横に代表される上野商店街は、全体の構成店舗数が1,000を超え、多くの人々が集まるまちとして、年末年始の混雑ぶりは風物詩にまでなった。

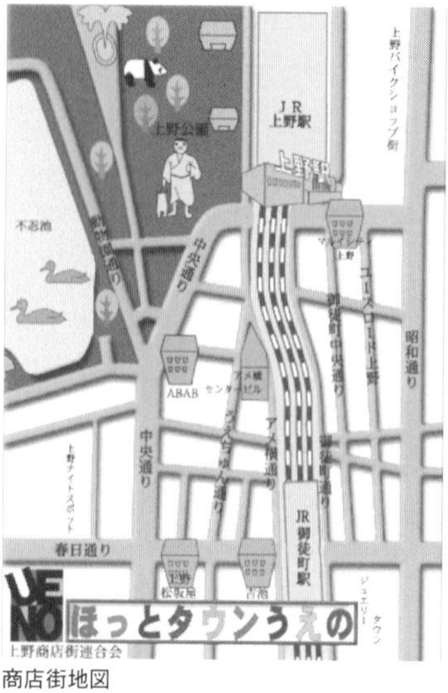

商店街地図

そして、これらの有為転変

による混沌を経験してきた上野地域は、他地域と比べて必然的に価値観が多様化せざるを得ず、そのことは、地域の結びつきは強いながらも、他者に対する寛容の風土が生まれ、上野地域への事業の新規参入者を誘致する遠因になっているように思われる。

現在においても、上野地域の商店街では、ありとあらゆる事業者が商売を展開しており、有名店舗や老舗がしのぎを削るかたわらで、常に新たな店舗の入れ替えが行われている。このように、新旧事業者が競うがごとく、パワフルに商売を展開している状況が、上野地域をいまも継続的に活性化する大きな要因となっている。

JR（旧国鉄）上野駅開業による商店街発展

上野駅は、明治17年に開業した。明治30年には上野青森間の直通運転が開始され、その後、大正年代に山手線の環状運転が開始された。駅舎・ホームとも、時代とともに改築されて現在に至るが、上野駅が上野商店街の形成と発展に寄与したことは言うまでもない。

上野商店街連合会は、上野地区の6商店街の連合体として結成され、構成店舗数は現在、1,500を超える。上野駅ならびに同駅の1つ南側の御徒町駅は、連合会を構成する各商店街の入口として重要な意味を持ち、これまでの各商店街発展に寄与してきた。

商店街の集客により、上野駅と御徒町駅の乗降客数も増え、これまで商店街とJRとは互恵関係にあった。特にアメ横商店街においては、JR高架下に出店している店舗も数多く、JRとは必然的に関係性が深い。JR側も平成23年、御徒町・秋葉原間の高架下に、ものづくりのまち「2 k 540」を新たに開業させ、高架下閑地を有効利用しつつ、地元のものづくり事業者支援と地域産業振興に貢献している。一方、JRが近年、アトレ、エキュートなどのいわゆるエキナカ商業集積を、自らがデベロッパーとなって開発し始めたことにより、地元商店街との新たな競合を生んでいる。

大規模店舗と商店街の良好な関係

同一商業集積内の大規模店舗と商店街の関係は、多くの場合、決して良好とは言えず、それは商店街やその近隣エリアに大規模店舗が出店する際に、商店街側が新たな自分たちの競合相手と捉えるケースが多いことに起因していると思われる。

上野地域においては、大規模店舗として上野松坂屋、ABAB（赤札堂）、マルイなどがあるが、前の2者はそもそも、商店街形成時より存在しており、特に上野松坂屋においては、江戸時代から現在の場所で店舗を開業している最古参の老舗の1つである。上野商店街連合会においても、これらの大規模店舗事業者は常に議論に参加しつつ、自らが連合会の中核としての役割を担い、各商店街代表との関係も良好で、協調関係を維持している状況である。広域商店街において、大規模店舗と商店街が競合せず、ともにまちの魅力を構成する一員として互恵関係を築いている、参考にすべき事例と言えよう。

広小路通りを ABAB、上野松坂屋方面を望む

○広域型商店街における商店街連合会としての支援策

イベント事業の推進

商店街連合会として、連合会加盟商店街が共同で実施する各種イベントの推進について、関係機関と連携のうえで行っている。行政との予算折衝、関係機関との調整など、商店街連合会が同事業にかかわる貢献度と重要度は高い。

① うえの夏まつり開催

毎年恒例のイベントで、7月中旬から8月中旬にかけて開催される。上野広小路を通行止めにしてのパレードや、不忍池周辺での各種催事の実施など、かなり大がかりなイベントで、上野商店街連合会は同イベントの推進者としての役割を担っている。平成23年にパンダが再来日してから、同イベントでパンダアピールを積極的に行っており、上野全体に対するパンダ効果は引き続き、好調に推移している。

うえの夏まつりうちわ

② 上野動物園・真夏の夜の動物園イベントへの協賛

毎年8月中旬に上野動物園が恒例で行うイベントに、家族を招待する企画を実施している（平成24年度は、200組1,000名の招待）。いつもは営業していない夜の時間帯の動物園を開放することにより、上野の新たな魅力を創出している。夏の暮れなずむ不忍池の水辺テラスでのコンサート実施など、夏休みの思い出づくりの場として家族連れに好評を得ている（大人に嬉しいビアガーデンも併設）。

③ 東京藝術大学とのコラボイベント・藝術まつりの実施

毎年9月上旬に、上野桜木地域に立地している東京藝術大学とコラボレーションし、大学祭・藝祭の一部を商店街の中で実施している。具体的には、藝大生制作の神輿の展示や商店街内渡御、藝大生制作の法被コレクション（通称・ハピコレ）、サンバパレードなどが実施される。若い学生たちと商店街店主とのコラボレーションは、まちの活性化に大きな貢献を果たしている。

クレジットカード事業の推進

上野商店街連合会が母体となって、商店街独自のカード事業を推進している。平成23年度より、中国版デビットカードである銀聯カードも取扱いを開始した。東日本大震災の発生により、当初は銀聯カードの利用率が伸び悩んだが、平成24年度に入り、中国からの観光客が戻ってきて利用率も伸びている。

連合会ホームページの運営と上野エリアのPR

上野商店街連合会としてのホームページを制作、運営している。ホームページを通じ、連合会によるさまざまなイベントの告知や、上野に関する総合的な情報を提供している。上野さくら開花予想、上野動物園パンダ情報など、詳細な情報コンテンツも有す。

http://ueno.jp/modules/eguide/

○成功のポイントと今後の課題

広域型商店街の共益事業への集中とブランディング

上野商店街は典型的な広域型商店街で、そこで必要とされる施策は当然ながら、近隣型商店街とは本質的に異なる。連合会を構成する商店街それぞれが多くの加盟店舗を有し、またそれぞれが自らの商店街の意思決定機関であるという状況の中では、連合会は連合会でなければできないことに特化して活動するしかない。その意味で、現在行っているイベント事業、クレジットカード事業の一層のブラッシュアップを図ることが、引き続き求められる。また、これらの事業を通じて、上野地域全体のブランド価値を向上させることこそ、連合会が取り組むべき大きな課題であろう。

上野の山文化エリアと下町商店街エリアとの人の行き来の創出

上野の山文化エリアには、国立博物館、国立西洋美術館など、さまざまな文化施設がある。また平成24年においては、東京都美術館の改装に合わせた上野公園の整備事業も完了し、文化施設への来場者数もさらに伸びることが予想される。しかしながら、上野駅公園口でJRを降りた文化施設への来訪者は、文化施設のイベントなどが終わると、そのまま帰宅してしまい、下町商店街エリアに回遊する人が少ない傾向にある。ともに一大集客装置である双方の人の行き来を創出するためのグランドプランの策定は、上野商店街連合会の長年の課題である。

自らの耐震対策と東日本大震災以降の東北支援

アメ横高架下の耐震対策は、JRがその実施を発表したこともあり、当面の重要な課題である。また上野は、東北の玄関口と言われてきた。震災以降、上野商店街連合会として東北支援もさまざまな形で行ってきたが、今後も、東北の人々にお世話になっている商店街ならではの具体的支援策について、継続的な検討と実施が必要である。

最後に

上野商店街連合会長の早津司朗氏に、大規模店舗をも包含してしまう上野商店街連合会の結束力の秘訣について質問した。会長曰く、「私たちは、地縁によってここで商売しており、ここから離れられるわけもない。そういう意味では、農業者と似たところがある。連合会には小さい頃からの仲間も多く、ここ上野に対する愛情は、大規模店舗も個店のオーナーも等しく深い。その愛情こそが大切なのではないか」とのこと。多数の構成店舗を有する広域商店街連合会の運営原則については、シンプルな人としての基本感情が重要であることを学ばせていただいた気がする。

“ストロー効果”を“シャワー効果”に変え観光ブランドを育てる

石井　秀明

○東京スカイツリー開業のビフォー＆アフター

地元商店街は東京スカイツリー開業後、売上が減っている？

東京スカイツリー開業は、2012年の明るい一大ニュースと言えるだろう。その集客効果は、お膝元である押上・業平橋地区の活性化に貢献することが期待された。ほとんどの地元商店が、期待に胸をふくらませていたであろう。しかし、いざふたを開けてみると、開業前は観光客で売上を伸ばしたが、開業後は売上が減ったという声が上がっている。

東京スカイツリーと周辺施設を合わせた来場者数は、開業1ヵ月で550万人を超え、予想を上回るペースで推移している。展望台の当日券も発売されることとなり、今後さらに来場者数が増えることも予想される。東京スカイツリーに隣接する東京ソラマチも、来場者は連日20万人を突破しているが、どうも東京ソラマチの外に人が出てこないようだ。

予想以上の来場者を集める東京スカイツリー

東京ソラマチのストロー効果

東京ソラマチは、延べ床面積52,000㎡に312店舗がひしめきあっている。日本橋高島屋と同規模の巨大商業施設が、郊外ではなく、交通便利な下町の商店街に突如出現したのである。観光客は、地元商店街に出て、買い物をする必要性を感じないのである。東京ソラマチだけが来街者を吸い上げるストロー効果だ。地元商店街が期待したような、シャワー効果になっていないようである。

○東京スカイツリーのお膝元、押上・業平橋地区の商店街

押上・業平橋地区の歴史をひも解く

業平の地名の由来は、平安時代までさかのぼる。六歌仙の１人・在原業平の故事、東下りに由来している。一方、押上は川の流れで「土が押し上げられた」ことが、名前の由来と考えられてきた。

明治期になると、しだいに商店や住居が増え、業平の地に鉄道が開通し、さらに京成線の押上駅も開業して栄えた。大田区と並び、ものづくりのまちとして発展したが、高度成長期以降、工場の移転などにより、徐々に停滞期を迎えることになった。そして平成18年３月、東京スカイツリーの建設地に決定し、再び脚光を浴びる地区となったのである。

おしなり商店街の成り立ち

東京スカイツリーが着工された平成20年７月に、業平商盛会、業平橋融和会、押上通り商店会、押上ガーデン通り商栄会、業四市場商栄会の５商店会を中心として、押上・業平橋地区活性化協議会が結成された。商業の活性化と今後のまちづくりを考えるとともに、押上の魅力を発信し、地域経済の向上や活性化に寄与することが目的であった。

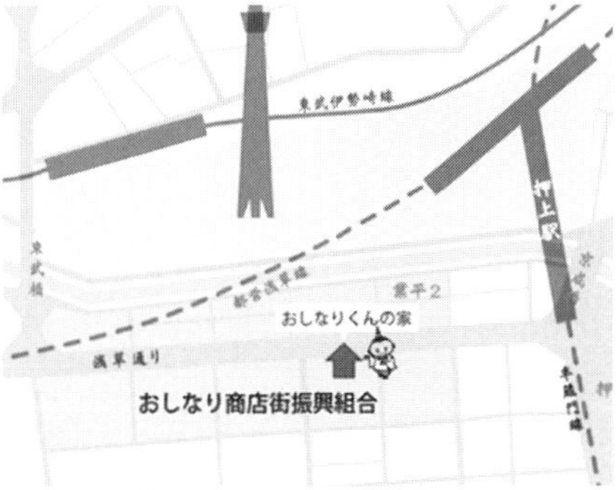

商店街マップ（出典：おしなり商店街ガイドブックより）

平成23年には、活性化協議会を発展的に解消し、業平商盛会と業平橋

融和会の２商店会が統合して、おしなり商店街振興組合を設立。活性化協議会の取組みを引き継いでいる。

お客さんが戻りつつある地元飲食店

「東京スカイツリー開業前は見学客で賑わっていたが、現在はどうしても東京ソラマチに観光客が吸い込まれてしまっている」というのが、地元商店街の認識である。おしなり商店街振興組合の金澤理事長によると、「開業前の話題になっていた頃のほうが、来街者で賑わっていた。東京ソラマチがオープンしてからは、極端に人の流れが変化し、まちへ人が出てこなくなった」とのこと。お土産品を中心とした物販が、特に不振のようだ。

ただ、飲食関係には徐々にではあるが、お客さんが戻りつつあるという。長時間待たされずに落ち着いて食べたいという高齢者を中心に、地元商店街の飲食店が観光客をひきつけつつあるようだ。

○まちづくりを“ブランディング”の視点から見る

地域ブランドは３つの要素でできている

近頃は、地域ブランドブームと言っても過言ではないようだ。B級グルメブームをはじめとして、ブランディングはまちおこしの切り札のように語られている。

地域ブランドの中味を、もう少しブレイクダウンして考えてみよう。たとえば「京都」といえば、京野菜、西陣織、京料理、和菓子をはじめ、いくつもの特産品がすぐ想起できる。これらは、ものブランドである。さらに想起を続けると、千年都市とも言える歴史に裏づけられた観光地の集積であることが、もっとも大きな京都の魅力だと気づくだろう。おそらく、日本の、他のどこでも代替不可能な観光ブランドと言える。

また、雑誌などでよく「東京の住んでよかったまち」のランキングをご覧になった方も多いだろう。2012 年版ランキングの一例を挙げると、１位から吉祥寺、中野、三鷹、浅草、立川と続き、これは住みたいブランドとも言い換えられる。
　つまり、地域ブランドは大きく、ものブランド、観光ブランド、住みたいブランドの３つで成り立っていることがわかる。

まちの活性化を地域ブランドの３要素で整理する

「観光とは、よそからお客さまに来ていただくこと」と定義したのは、立教大学観光学部の清水愼一特任教授であり、商店街におけるまちなか観光こそ、まちの活性化への切り札との持論である。
　よそから人に来てもらえるまちづくりを進めるとき、観光ブランドという観点だけでなく、ものブランドの側面も含めて考えてみたい。特産品とは、地名をつけることで付加価値がつけられる商品たちである。それは、他の地ではなく、その地へ行かなければ手に入らない商品と言い換えられる。
　では、住みたいブランドはどうだろう。利便性や環境という側面もあるだろうし、賑わいも求められる要素には違いない。また、吉祥寺や自由が丘を挙げる人にとっては、おしゃれであることも重要なファクターである。
　とすれば、この３つのどの地域ブランドを強化し、まちの活性化に活用していくのか。それは、各地域の事情により異なってくる。本質的には、この３つは有機的に結びつくものであり、相乗効果も期待できるため、総合的に取り組むことが求められる。

○成功のポイントと今後の課題

すみだブランドへの区の取組み

　墨田区はこれまで、ものづくりのまちとして発展してきたが、産業構造の変化により、製造業の集積が失われつつある。そこで、東京スカイツリーの誘致・開業をきっかけに観光資源に着目し、地域ブランドを構成する観光ブランドと、ものブランドに特化したまちづくりへ大きく舵を切った。

観光ブランドへの取組みは、着地型観光であるまち歩き観光が柱となっている。墨田区は、江戸350年の歴史遺産に恵まれた史跡の宝庫である。区商連が進めるすみだスタンプ事業は、区内商店街で共通に使えるため、まち歩きを側面から支援している。また、墨田区観光協会がホームページ上から提供する観光IT視察ツアーもユニークである。スマートフォンやタブレット端末を使ったアプリの一種で、体験ツアーを提供している。

また、ものブランドへの取組みとしては、すみだブランド認定事業が挙げられる。墨田ならではの思いを伝えられる商品や飲食店メニューを、すみだブランドとして認証する事業だ。認定商品の多くは、東京ソラマチ５階の産業観光プラザすみだまち処で展示されている。さらに、商品開発の新しい取組みであるものづくりコラボーレーション事業も面白い。高い技術力を持つ区内の事業者と日本を代表するクリエーターを結びつけ、墨田らしい自社商品を開発する事業だ。

その施策のどれもが一過性のものではなく、本質的で息の長い取組みとなっている。

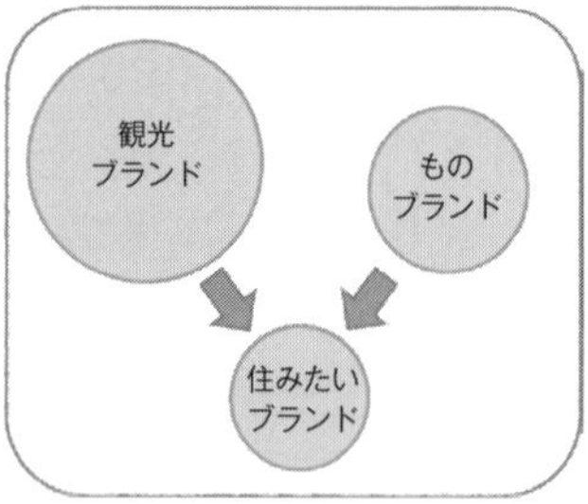

墨田区の地域ブランドづくりの方向性

スカイツリーの地元・おしなり商店街の取組みと課題

おしなり商店街は、スカイツリーの地元でありながら、スカイツリー効果を十分に享受しているとは言えないだろう。東京ソラマチのストロー効果を、シャワー効果に変えていく取組みが求められる。

その１つに、東京スカイツリーと東京ソラマチを競合相手と見るのではなく、徹底的にまちの資産として活用していく施策である。ソラマチ広場で開催される墨田区納涼まつりをはじめ、各種コラボイベントを積極的に商店街から仕掛けている。両者にとって、来街促進となるWin-Winの関係づくりを進めているのだ。

また、もう1つの資産として、商店街のゆるキャラ・「おしなりくん」の積極的活用も期待されている。熱心なファンもつくほど人気上昇中で、商店街をねり歩く土日のまち散歩では、一緒にまち歩きを楽しむ来街者も増加していると聞く。上手に活用していけば、まち歩き観光を促進する観光ブランドの目玉に育っていくことだろう。今後は、東京スカイツリーのゆるキャラ・「ソラカラちゃん」や全国のゆるキャラとのコラボ企画にも積極的である。

しかし、このような来街促進策だけでは、根本的な解決にはならないだろう。魅力ある街のあるべき姿を、来街者の視点で考える必要がある。究極的には、東京スカイツリーや東京ソラマチにはない物販店や飲食店のある街を作っていかなければならない。

これは一過性の問題ではなく、地道に時間をかけて取り組むべきテーマである。まだまだ始まったばかりであり、これからの取組みと熱意に期待したい。

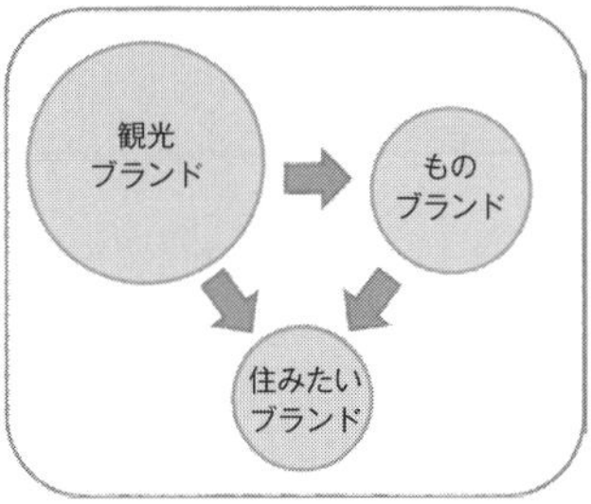

おしなり商店街の地域ブランドづくりの方向性

おしなり商店街の
「お休み処　おしなりくんの家」

“行きたいまち”にしたい！
ミニ商店街のバイタリティあふれる仕掛け

福原　克美

○ミニ商店街を取り巻く多彩な地域資源

清水稲荷神社の門前町として栄えたイナリ通り

板橋イナリ通り商店街にある清水稲荷神社は、同神社のホームページ御由緒によると、創立年代不詳ではあるが、19世紀前半に隠居の僧・十方庵大浄敬順が江戸内外の名所旧跡を記した紀行文『遊歴雑記』に、「老親飲めば美酒、その子飲む時は清水なり、彼の地を呼んで酒泉澗といい、後に清水村とあらためけるとなむ」との記述があるという。

清水村の鎮守として、当時一丈ばかりの高台に祀られていた小祠が現在の宮本町の地に移され、昭和35年に現在の神社に改められた。境内には樹齢600年を超えるとも言われる大銀杏の樹があり、祭神は五穀豊穣の農業神・豊受姫命（とようけひめのみこと）である。

板橋イナリ通り商店街の成り立ち

板橋イナリ通り商店街は、都営三田線の板橋本町と本蓮沼の両駅から徒歩約5分の中山道清水町交差点近辺にあり、交差点から清水稲荷神社に向かって全長約100m、営業店舗数25店舗のミニ商店街である。イナリ通りのある地域は戦前、西が丘（現在の西が丘サッカー場周辺）に兵器廠があった関係で、金属加工から光学、精密機械、化学など、幅広い技術が集積した工業地域として発展してきた。

板橋イナリ通り商店街は、昭和25年に板橋イナリ通り商励会の名称で発足した。昭和43年には、板橋イナリ通り商店街振興組合として法人化を行い、平成８年に社会環境の変化や会員の減少などによって任意の商店街となり、現在に至っている。

“行きたいまち”づくり

町工場で働く人々などで大いに賑わっていた商店街ではあるが、工場の移転や廃業により来街者が減少し、後継者難と相まって、空き店舗が増えているのが現状である。

しかし、この周辺地域には、エスビー食品㈱や粘着素材のトップメーカーであるリンテック㈱、タニタ食堂でお馴染みの㈱タニタなどに加え、先端技術の研究などでワールドワイドに展開する中小企業なども多く存在し、産業技術研究センター、NTC（ナショナルトレーニングセンター）、西が丘サッカー場にも徒歩５～10分程度の距離にある。

そこで、商店街をハブとして、これらの多彩な地域資源を有機的に結びつけて新たな魅力を生み出し、その魅力を内外に広く発信し

商店街マップ

て、地区全体の活性化を図ることを目的に、いたばしii（アイアイ）プロジェクトが発足した。アイアイのアイは“行きたいまち”のｉ、もう１つのアイはイナリ通り・板橋区のｉとのことである。

○バイタリティあふれる商店街の活動

近隣の住民と地域との連携を図るいたばしiiプロジェクトの取組み

商店街を中心として、町会、企業、学校、行政が連携し、商店街と地域の活性化を目指して発足したいたばしiiプロジェクト（リーダー：佐藤正イナリ通り商店街会長）は、平成20年度の東京都地域連携型モデル商店街事業に指定された。

事業内容は、地域の魅力を地域内外に情報発信すること、地域コミュニティの核としての機能を持った魅力ある拠点を創出すること、企業や町会、学校など、地域連携による協働イベントを実施することである。その具体的な取組み事例を紹介する。

① 地域ふれあいステーション・コン太村の開設

コン太村は、板橋区主催の空き店舗活用コンテストで大賞を受賞した構想を実現させたものである。受賞者である岸昭仁氏が自ら店長となり、昭和レトロゲーム博物館、駄菓子屋、お休み処、情報発信スペースから構成される地域ふれあいステーションとして、平成21年３月８日にオープンした。

コンタ村は、10円玉で遊べる昭和時代に作られたレトロゲーム機を約30台常設した、全国でも珍しい店舗である。店内にはその頃の駄菓子が販売され、地域情報や区内で作られた産業製品、珍しい展示品が展示されたお休み処もあり、近隣の子どもたちで常に賑わっている。

地域ふれあいステーション・コン太村

またマスコミの取材も多く、

店舗の運営だけでなく、テレビや映画、イベントなどへのゲーム機の貸出でも収益を上げ、平成23年11月からは、東京都からの補助金に頼ることなく、自立自営の店舗として営業している。

これは、マスコミでたびたび取り上げられ、全国各地から見学の人々が訪れたことなどで商店街の知名度が高まるとともに、商店街のシンボル施設として、地域の人たちにも支持されたことによる。

② オリンピック日本選手団応援と東京オリンピック誘致応援活動

商店街から徒歩10分の距離にあるNTCとの連携事業である。NTCは、オリンピックに参加する選手の合宿所として利用されることが多い。そこで、日本人選手の一番近くにある商店街として、日本オリンピック委員会公認の下、平成20年8月の北京オリンピック以来、稲荷神社での必勝祈願や提灯行列、応援垂れ幕の掲出等の応援イベントを開催している。

商店街には、合宿中の選手が食事などによく訪れる。最近では、福原愛選手をはじめとする卓球選手のほか、さまざまな競技の選手との交流会が開かれている。2020年東京オリンピック誘致応援の垂れ幕も、すでに掲出されている。

小さな商店街が創出する地域の人たちのコミュニケーションの場

商店街では、町会（清水宮本睦会）との連携により、年間を通してさまざまなイベントを定期的に開催している。これらの催しには、宮本町・清水町の住民だけでなく、その周辺地域から多くの人たちが参加している。会場は稲荷神社を中心に行われるが、以下のようにほぼ毎月何らかの形で、地域の人たちのコミュニケーションの場を創出している。

3月：もちつき大会、さくら祭り

5月：母の日コンサート

6月：夏の大感謝セール

7月：あさがお・ほおずき市、世代交流会、納涼盆踊り大会

9月：稲荷神社祭礼
10月：NTCスポーツ祭り参加
11月：稲荷神社ライトアップ、歳末大感謝セール
12月：もちつき大会、芋煮会

○成功のポイントと今後の課題

町会との連携があるとは言え、25店舗のミニ商店街がこれだけの事業を実施していることに、深い敬意を表す次第である。しかしながら、これらの活動を通じて商店街の活性化、売上拡大を図るには、まだまだ解決すべき課題がある。

コン太ブランドを活用した飲食の充実

コン太村は、地域の支持を受けて自立の道を歩んでおり、コン太の名称とキャラクターは、商店街内の街路灯や提灯にも表示され、商店街のシンボルとなっている。現状では、各店舗からのメニュー、商品案内などの情報発信ボードに活用されているが、今後はさらに一歩進めて、オリジナル商品や新たな集客施設の開発が不可欠である。

ブランド活用と言えば、グッズの開発という発想になりやすいが、この商店街は、飲食店が6店舗、食品系販売店が4店舗と、飲食の比重が高い商店街である。また、周辺には大手スーパーも多く、求められるのは商店街にしかない商品である。飲食店舗の比重が高い特徴を活かして、コン太ブランドを活用したメニューや商品づくり、憩いの場としてのコン太カフェ、惣菜店などの実現を図っていくことが、当面目指すべき課題である。

イベントの集客力を店舗への購買に結びつける施策の実施

商店街は、これだけ多くの機会に多くの人を集めながら、イベントの実施に手一杯で、当日のセールなどには手が回らない状態であった。そこで、今年5月に実施した母の日バラコンサートでは、

その開催に合わせて、商店街の各店舗で使える商品券・宮本町散歩得々手形を発行した。母の日バラコンサートは毎年、宮本町に居住する新東京アカデミー室内合奏団の主宰指揮者・松原広地氏が自宅の庭を開放して実施していたものを、稲荷神社境内に移して開催したものである。宮本町散歩得々手形は、1枚800円で、通用期間1週間、期間中に1,000円の買物ができる商品券として、100枚発行された。期間中にすべて利用され、商店街にとって10万円の売上増に結びついた。

神社で開催された母の日バラコンサート

今後は、このような商店街を回遊して買い物ができる仕組みを構築することによって、イベントの集客効果を実売に結びつける努力を継続することが不可欠である。

新たな資源開発と連携の輪の拡大

商店街のある宮本町・清水町は、近々約200戸の大型マンション2棟が入居を開始する等、居住人口が増加しているまちである。また清水町には、130室の寮が完備された東洋大学の総合スポーツセンターも完成している。

商店街にとって、新たなターゲットの獲得は市場の拡大につながる。そのためには、新たな仕組みづくりと新たなプレーヤーの存在が求められる。東洋大学やその学生たちが居住する清水町との連携など、現有のメンバー・資源にこだわらない取組みが必要である。幸い、最近ではあるが、いたばしiiプロジェクトに、飛び入りで若い女性が数人加わった。飲食の充実と相まって、商店街の新たな側面を作り出すこと、これが、中長期的な視点でぜひ実現していかなければならない課題である。

第4章

先端ITを駆使した
絆づくり

杉並区｜荻窪・教会通り商店街

品川区｜青物横丁商店街

ITメディアで心をつなぐ、歴史ある商店街の秘策

板橋　春太郎

○長年の積み重ねによるIT化の歩み

細く、くねくねした、教会のある商店街

荻窪・教会通り商店街は、古くは「弁天通り」と呼ばれた。「昭和初期の頃には道端に店やが並び風呂屋もできて市場の様な家も建築されていた」と井伏鱒二の『荻窪風土記』にも記される、歴史のある商店街である。通りの奥にある天沼教会にちなんで、昭和30年から現在の名称になった。

JR荻窪駅北口から北西へ100m進み、青梅街道から道を1本入ると、突然温かい雰囲気のまちなみが現れる。商店数は約90店、車1台がようやく通れる幅員4mほどの細い道の両側に、ファッション、小物、飲食を中心としたさまざまな店が並ぶ。

ここは、奥に進むと住宅地に抜ける近隣型商店街である。来

街者は、まち歩きを好む50代以降の高齢者層に加え、最近は20代〜30代の若年層も増えており、多様な人々の顔が見える。

商店主同士でスキルを高め合った10年間

かつてより、東京都の杉並区商店会連合会において毎月、区内の商店街に向けたIT利活用の勉強会が行われていた。ここ10年ほどは、当商店街からも数名の商店主が参加し、ワードやエクセルの操作方法から、ブログ、SNS、動画ストリーミングサイトに至るまで、さまざまなITメディアの活用法を学んできた。

ITメディアを活用したツールは、困難なものと思われがちで、商店街では多数の商店主の理解を得られず、商店街全体の取組みとしては活かされない場合が多い。

しかし、当商店街の場合は違った。「この知識を、私たちだけが得るのはもったいない。商店会の皆にも伝えて、共有していこう」――このように考え、学んだことを多くの店主と共有するために、会長をトップとする商店会の組織として、web委員会を発足させたのである。

web委員会は、約10年前の発足以降、原則毎月第２土曜日に、一度も欠かさず開催されてきた。ここでは、商店会連合会で学んできたさまざまな情報を、すべてのメンバーが理解できるまで教え合った。パソコンの操作方法やエクセルの活用方法など、基本事項から始まったが、長年の積み重ねの結果、20〜70代の多くの店主が、いま流行っているITツールが何かを把握し、自ら実践できるようになったの

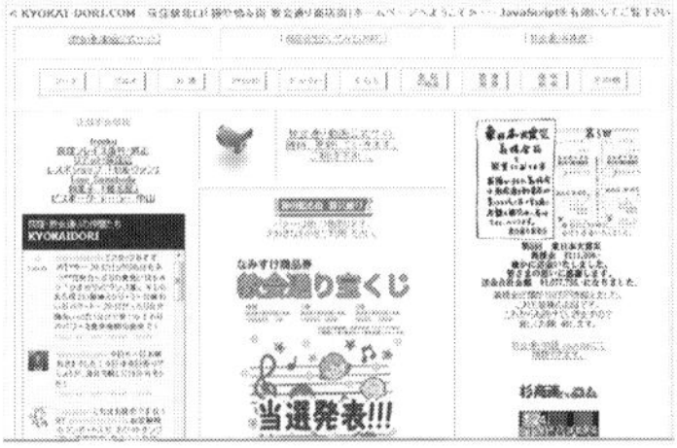

荻窪・教会通り公式ホームページのTOP画面

商店街Twitterアイコン・Facebookページ

である。

その成果として、当商店街では平成17年頃、他の商店街に先駆けて公式ホームページを作り上げた。最近では、多くの店舗でTwitterやFacebookなど、ソーシャルメディアの活用実績がある。

しかし、注目すべきはITリテラシーの高さだけではない。この商店街の情報発信には、単なる値引き情報の発信など、ITメディアが陥りやすい機械的な側面は感じられない。そこには、商店街が本来持っている、温かさを活かした仕掛けが数多く見られる。

○商人がITツールを活かす秘訣

手づくりとITが融合する商店街として

最近は、多くのITメディアの出現により、商店街の広告手段が多様になってきた。大規模商業施設と比較して財政的にも厳しい商店街には、絶好のチャンスである。

しかし、数多くの商店街がITメディアの活用を一度は考えながらも、十分に行えていない。その中で、当商店街はなぜ成功できたのかを考えていきたい。

商人としてのITメディアとのかかわり方

「ハイテクになるにつれて、私たちはよりハイタッチになっていく必要がある」と、当商店街のIT基盤を築いたメンバーは語る。ITメディアには匿名性があり、顔の見える関係とは正反対の関係を作る。だからこそ、ハイテクになるにつれて、顔の見える関係を増やしていく必要があるという意味である。

再びメンバーは語る。「商人がメディアで発言する際は、『公人』でなければならない」。そこで、一個人としてではなく、商店街の店主として情報発信することを心がけるよう、web委員会を通じて多くの店主に伝えていった。そして、天気や季節感等を交えながら、商店街らしい温かみのある情報を発信していったのである。これは、長年のweb委員会活動を通じ、多くの店主と共通認識を築いていたからこそできたことである。

商売っ気が出すぎたり、個人的すぎたりする情報は、見る気が失せてしまう。見たときに親近感が湧き、ふと心を温めてもらえるようなつぶやきをするよう心がけていると、商店会長は語る。

商店主同士の心は、まさにハイタッチな状況にある。朝には、「本日のパンが焼き上がりました」とつぶやくパン屋・TAMAYAの娘さんに対して、商店会のメンバーが直接顔を合わせて声をかけ、「元気なつぶやきをありがとう」と感謝を伝える。良い取組みをお互いに認め、ほめ合う雰囲気ができている。

このような取組みも、最初はスムーズに進んだわけではなかった。TwitterやFacebookなどの横文字ツールに対して、当初は疑問を持つ人もいた。そのようなときは、商店会長が直接、一店一店に説明に回るなどして、顔と顔を合わせて新たな取組みへの理解を得ていきながら、商店街の和を守っていたのである。

そのような中、「教会通り物語」と銘打ち、IT化への取組みとして、商店街1分間CMなどを行った事業が、平成22年に第6回東京都商店街グランプリを受賞した。その結果、かつて疑問を持っていた人も前向きになり、商店街一丸となってIT化を拡大する雰囲気が生まれた。

現在、商店街で行っている主なITメディア活用を、1つずつ見ていこう。

① Twitter

荻窪以西在住の通勤客に、途中下車して立ち寄ってもらうことを狙いの1つにしている。

平成24年9月1日時点で、5,864ツイート、フォロー数2,142、フォロワー数2,433を誇る。商店会内の約15%の店舗が、独自アカウントを取得している。Twitterのリアルタイム性を活かし、パン屋はパンの焼き上がり時間、定食屋は本日のランチメニュー、和菓子屋は季節のお菓子の紹介、整骨院は混雑状況の案内、衣料品店は気候に合う商品提案などをつぶやき、商店街アカウントがそれをリツイートする。東日本大震災の際は、都内路線の開通状況や避難所の開放状況発信とともに、被災地への義援金の協力をフォロワーに呼びかけた。

② Facebook

Facebookページ「荻窪・教会通り」から、商店街情報を発信している。Twitterと連動させ、コメントの内容によって、Facebookにも投稿する。配信情報は、杉コンという地域交流イベントの紹介、荻窪音楽祭の情報発信、商品券の販売、防犯情報、新規店舗の紹介、web委員会の活動内容など、さまざまである。また、来街者の落とし物探しの協力をFacebookでお願いしたこともあり、来街者1人ひとりの思いを大切にした情報発信を行っている。

③ YouTube

教会通り動画公式サイトを設け、店舗の1分CMを公開している。平成25年1月1日現在、62本の動画が登録されている。顧客は動画を見て、店主の顔や店のこだわりを知ったうえで来店できる。外部の者ではなく、商店街のメンバー自身がカメラを持ったことで、商店主の自然な笑顔や、店舗の奥の様子まで撮影したCMになっている。

④ Ustream

商店街内のアーティストのライブ、お祭りの様子、イルミネーションの点灯式、ワゴンセールなど、動きのあるイベントの決定的瞬間を配信し、臨場感ある情報提供で、商店街のTV局として活用している。

これらのメディアを有効に活用できるように、商店街内にはWiMAXとFONの基地局を数十台置くなど、情報発信のインフラ網も整えている。

徐々に表れてきた効果

「取組みの効果は、すぐに見えるものではない。長年かけて徐々に表れてくる」と、商店会長は謙虚に語る。しかしながら、さまざまな情報発信の効果はすでに見えてきている。

① 個店の売上向上

食堂では、本日の定食メニューのツイートをTwitterで確認した近隣の会社員のランチ需要を満たし、来店者数が増加した。パン屋では、Twitterで店舗を知った購入者が、食べログに口コミを発信したことで口コミの連鎖が起き、さらなる来店者を呼び込んでいる。テーラーでは、来店する顧客が店舗CMを見て、店主の顔や声を知ったうえで来店する。紳士服という買回品は、パンや野菜などの最寄品と比べて敷居が高いが、ソーシャルメディアが来店への不安を解消し、顧客拡大に貢献している。

② 商店街の来街者増加

TwitterやFacebookを頻繁に使う20～30代の新規来街者が、スマートフォンを見ながら歩く姿をよく見かけるようになった。商店街マップを頼りに、目当ての店舗を何店か探し求めて商店街の奥まで進む顧客が増え、来街者の回遊性が上がり、賑わいが高まった。

○成功のポイントと今後の課題

当商店街は、かつてより人の心をつなぐ、温かい雰囲気の空間であった。その空間をより多くの人に共有してもらえる手段として、最新のITメディアの特徴を活かした。その奥底には、商店街らしい温かな心遣いがあり、顔と顔を合わせた交流もあった。だからこそ、成功に結びついたのであろう。最近のITツールには、無料でも発信力の高いものが多い。ぜひ多くの商店街で参考としてもらい、それぞれの商店街の面白さを発信してみてほしい。

再開発とまちなみ整備
――新旧融合する商店街の地域密着戦略

大江　隆夫

○青物横丁商店街の概要と歩み

商店街の概要

青物横丁商店街は、品川区南品川に位置し、京浜急行線青物横丁駅からりんかい線品川シーサイド駅までの東西に伸びるジュネーブ平和通りと、南北に伸びる旧東海道が交差する地域にある、十字型の広域商店街である。青物横丁の名前は、江戸時代に野菜や山菜などの青物を農民が持ち寄り、この地域に市場を開いたことに由来しており、正式な地名ではなく俗称である。青物横丁商店街の軸を形成するジュネーブ平和通りと旧東海道は、その成り立ちもまちなみも大きく異なっているのが特徴である。

東西に伸びるジュネーブ平和通りは、品川寺（ほんせんじ）の梵鐘を通じて品川区と友好都市提携を結んだジュネーブ市（スイス）から、「Avenue de la Paix」（フランス語で「平和通り」の意）の標識が贈られ、都道ではあったが、同市と交流のある地元の方々の要望でそのまま名づけられた。品川シーサイドフォレストの再開発により、平成14年に東京臨海高速鉄道りんかい線品川シーサイド駅が開業し、オフィスビルやホテル、ショッピ

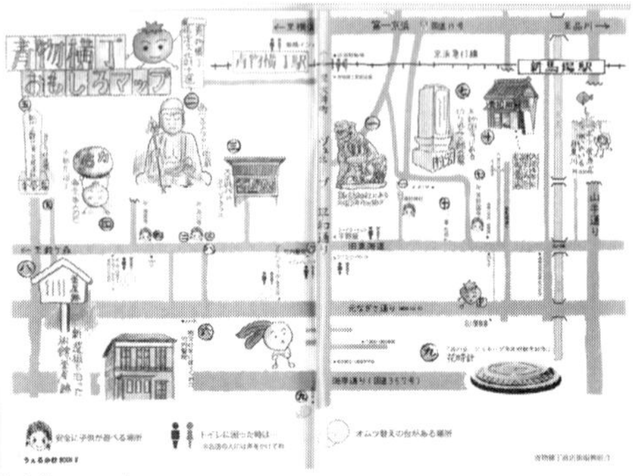

商店街マップ

ングセンター、集合住宅などの複合施設が立ち並ぶ区画へ通じる道路として、ますます発展した。

一方、南北に伸びる旧東海道は長い歴史を持つ街道で、特に江戸時代に五街道の１つとして発展した。そのため、沿道には大同年間(806〜810年）に建立されたと言われる品川寺をはじめとした歴史的建造物が多く立ち並び、東海道周辺まちなみ整備事業により、隣接する商店街との一体化した景観の整備にも配慮がなされている。

青物横丁商店街は東西と南北で異なる姿を見せる、新旧が融合する商店街となっている。

商店街の歩み

青物横丁商店街の業種構成を見ると、医院やドラッグストアが目立ち、特にジュネーブ平和通り沿いには飲食店が多い。チェーン店が出店してきても、本部に交渉に行くという積極的な働きかけを行っており、加盟店は150店、加入率は90%を超え、高い結束力を誇る。また、近隣のIT企業約40社も商店街会員として加盟しており、商店街活動に協力している点も大きな特徴である。

（株）バンダイナムコゲームスの協力で、人気ゲーム・太鼓の達人のキャラクターも描かれているあおよこうぇるかむBook

商店街は戦前から存在していたが、平成元年に組織化され、どのようなまちにするかという議論と、青物横丁を知ってもらうための情報発信の活動に注力してきた。

まちづくりの議論から組織化された青物横丁商店街は、「地元・地域への密着」がキーワードになっている。地域の人々からは、「あおよこ」の名称で親しまれている。

たとえば、街路灯事業を推進した理由は、地域の防犯の強化であった。これには、商店街の外に立地する企業も賛同し、費用負担の協力を得ることができた。平成16年には、野菜の形をモチーフとしたあおよこ街路灯が、ジュネーブ平和通り沿いに完成・導入され、商店街のシンボルとなっている。また、地元の小学校・中学校とも協力しており、商売体験実習などを提供する一方で、しながわ宿場まつりなどのイベントの手伝いもしてもらっている。

さらに、旧東海道・品川宿のまちづくりにも深くかかわっている。東海道の歴史性を活かしたまちづくりを進めることを目的に、品川宿周辺の町会、商店街、商店会が協力し、昭和63年に旧東海道品川宿周辺まちづくり協議会が設立された。旧東海道沿いの街路灯は、周辺商店街とデザインを統一したつくりとし、歴史ある旧東海道の景観づくりに貢献している。平成9年からは石畳整備事業に取り組み、平成18年には東海道周辺まちなみ整備事業計画書による東京都地域連携型モデル商店街事業で、品川宿周辺の一体感あるまちなみを形成した。商店街の祭りも、旧東海道沿いの商店街が合同で開催するしながわ宿場まつりに一本化し、4万人の人出のある品川最大のイベントに育った。

季節ごとのイベントを紹介するあおよこイベント手帖

○商店街活性化の取組み

ポイントカードの導入

ポイントカードは、品川シーサイドフォレストの再開発に伴う大型店・イオンの進出に備えるため、同店の開店1年前の平成13年に導入した。核店舗となる食品スーパー・平野屋を含む30店が加入し、販売促進の主力として効果を上げており、顧客にとって魅力的な企画づくりを行っている。平成20年には、ポイントカードを交通系ICカード（PASMO・Suica）へ切り替え、手持ちのカードをそのまま使えるようにした。現在のポイントが携帯電話やパソコンで確認できるなどして、利便性を高めている。ポイントカードの会員は、15,000人を数えるようになった。

ポイントカード導入事業により、自分たちが最先端を走っているという自負を持つ若手が育ったことが最大の効果だという。

IT活用の促進

青物横丁商店街では、平成15年頃から次世代へのIT教育に注力してきた。最初は国の専門家派遣事業を利用し、1対1の教育と個人用パソコンの貸与を実施した。その結果、各店舗が盛んにホームページを更新したり、ポスターを自作したりすることで、情報発信力が高まるという効果が出ている。青物横丁商店街には、事務局業務の専任職員はいない。「だからこそ、IT化を進めていきたい」と、理事長から意欲的なお話があった。

さらに平成20年には、携帯メール会員サービス「あおよこ タッチャン」を導入。この事業は、平成19年度商店街パワーアップ基金事業（第1回）の商店街活性化プロジェクトに認定され、IT Japan Award 2008の準グランプリを獲得するとともに、第4回東京商店街グランプリ活性化事業部門で優秀賞を受賞した。現在、この事業のメール配信会員は現在、約6,000人となっている。

企業とまちのコーディネータ

このエリアでは、品川シーサイドの再開発により、オフィスが増え、昼間人口も大きく増加した。そこで青物横丁商店街は、地域住民と企業の橋渡し役を買って出た。たとえば、地域の学生に近隣のIT企業がメールの使い方やマナー、危険性などを教えるIT教育の場を設けた。また、企業の課外活動として行われている吹奏楽部が、地元の中学校の吹奏楽部に対して、レベルアップの指導や演奏の場の提供を行っている。

企業にとっては会社のPRに、また地元の住民にとっては優れた知識や見方に触れる絶好の機会となっている。そして、交流を深めて企業が地域に親しみを持ってくれれば、商店街にとっても集客力が増す効果を期待できる。

防災におけるまちのコーディネータ

東日本大震災をきっかけに、地域の防災はどうあるべきかを考える機会が増えた。そこで、青物横丁商店街では平成24年2月に防災シンポジウムを開催し、災害に強いまちづくりを目指して、地域の住民、企業、商店、行政を結びつける役割を果たした。その後、ワークショップを数回開催しており、今後も継続する予定である。

一連の取組みでは、従来の防災とは異なる考え方が出ている。たとえば、昼間人口が増え、平日の災害に対する準備が不可欠となっている現実に鑑み、平日の防災訓練を提案した。また、区の防災無線を商店街のスピーカーへ単純につなげるのではなく、個店が区の防災無線を傍受できる機器を持ち、よりきめ細かな情報を商店街で放送する提案や、地域の災害情報を区に伝達する役割を商店街が担う提案などもなされている。

防災の取組みについては、チェーン店でも積極的な人がいるという。他の店主と毎朝交わす挨拶が、自身の企業活動にもプラスになると考えるチェーン店の経営者が増えてきた。チェーン店が商店街との結びつきを強める観点からも、防災への取組みが役立っている。

○成功のポイントと今後の課題

成功のポイント

ポイントカードやホームページ、携帯サービスなど、さまざまなITをうまく組み合わせて利用していることが、成功のポイントに挙げられる。だが、本当のポイントはITそのものではなく、ITを導入するために若手人材をうまく育成したところにある。ITの専門家しか使えないシステムを持ってきても、商店街から地域に密着した情報発信を行うことは難しい。

青物横丁商店街ではIT教育に力を入れ、そのノウハウを自分たちのものにしてきた結果、導入したITシステムを使いこなして情報発信ができるようになった。またそれを通じて、商店街の将来を担う人材を育てることもできた。組織の根底にあるのは人であり、人材の育成を商店街組織の発展につなげたことが成功のポイントと言える。

そして、外部の人間の知識や知恵をうまく借りている点にも注目すべきだ。商店街は各商店の集まりであり、個店の商売をおろそかにすることはできない。優れた知識を持つ人材を近隣企業など外部に求め、商店街はコーディネータ役に徹することで、優れた効果を上げることができたと言えるだろう。

今後の課題

青物横丁商店街は、地域に密着した視点でさまざまな商店街活動を行っているが、近隣の大型店の影響は無視することができず、地元客をひきつける対策が引き続き求められる。大型店は競合相手であるが、多くの見込み客を地域にもたらす存在でもある。大型店にない特色を提供できれば、ビジネスチャンスにもつながる。

また、旧東海道にある歴史的建造物を訪れる観光客を対象にした施策も、検討に値するだろう。東海道・品川宿に訪れる観光客のために、しながわ観光協会の観光案内所が北品川にあるが、青物横丁からは若干距離が離れているためか、青物横丁商店街と観光客の結びつきは弱いように感じられる。観光客は一見の場合もあるが、まちを気に入ればリピーターにもなり得る存在である。青物横丁駅周辺に品川宿観光の拠点になるようなシンボルができれば、これまでなかった新しい層を取り込める可能性もある。

第5章

レトロな外観、雰囲気で情緒を楽しむ

品川区	北品川商店街
台東区	奥山おまいりまち商店街
江東区	亀戸香取大門通り会
葛飾区	柴又帝釈天参道 柴又神明会

東海道・品川宿の風情を活かし江戸時代の商人文化を発信

金綱　潤

○品川宿の歴史と北品川商店街

品川宿の歴史

品川宿は、江戸から出る諸街道のうち、もっとも重要視された東海道の１番目の宿（1601年指定）である。目黒川をはさんだ南・北品川宿と、享保期にできた歩行新宿（北品川）で構成され、宿内の家は1,600軒、住人は7,000人という活気ある地であった。また、北の吉原に対して品川は南と言われ、遊興の場所としても有名で、いまでも江戸時代と同じ道幅でひっそりと、宿場まちの風情を語り継いでいる。

当該地域は、歴史と文化に彩られた江戸情緒と人情が、そこはかとなく感じられるまちである。この環境を後世に伝え、東海道の歴史性を活かしたまちづくりを進めることを目的に、昭和63年、品川宿周辺の町会、商店街、商店会が協力し、旧東海道品川宿周辺まちづくり協議会が設立された。以降、協議会は平成元年の東海道五十三次シンポジウム開催を皮切りに、さまざまな活動に取り組んできた。近年では、東京都より東海道周辺まちなみ（景観）整備支援事業や地域連携型モデル商店街事業の指定を受け、店舗ファサード、石畳、街路灯、商店街ゲート、道しるべ、案内マップなどの整備に取り組んできた。

また、多くの来場客が見込める宿場祭り（毎年９月の最終土・日に、旧東海道北品川の八山から南品川の青物横丁まで約２㎞にわたる大パレード、品川女子学院のマーチングバンド、江戸時代の扮装による風俗行列、阿波踊り、山伏、鉄砲隊などに約700人が参加して行われ、沿道では模擬店、フリーマーケット、ミニSLなどが楽しめる）の開催運営に関しては、当該地域の８商店街の連携を図るハブ機能を担っている。

北品川商店街協同組合の概要と活動

北品川商店街は、この品川宿に属する８つの商店街の中核的商店街の１つである。現在、組合加盟店数は約60店舗で、物販店が約半数を占める。飲食・サービス業態の店も増えつつあり、近年では物販店と飲食店の情報共有化と連携が進み、まちの活性化に向けてさまざまな取組みも始まっている。

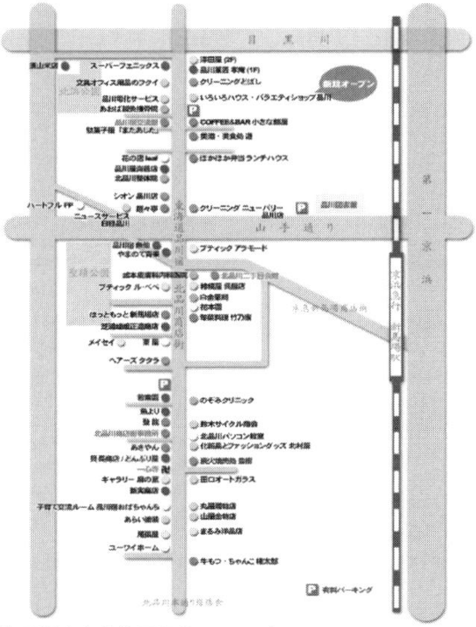

北品川商店街協同組合　マップ

地域連携型モデル商店街事業指定に伴う現状と課題

地域連携型モデル商店街事業は、まちなみ整備、景観保持に向けたハード費用の助成が受けられる施策であるため、事業指定されてから、歴史を残す石畳やファサード、街路灯、道しるべ等、電線の地中化の整備などを着々と進めてきた。その効果もあり、ここ数年、来街客数は順調に回復しつつある。

しかしながら、物販店が主体のためか、店によってはその恩恵にあずかれず、集客が売上に直結しない原因の究明が大きな課題となっていた。また、物販店が後継者不足のために廃業する事例も散見されるようになってきた。そのため、「住居一体型店舗のために他者に貸せず、結局空き店舗になってしまう→後継者が育たない」といった負の連鎖の断ち切りが喫緊の課題になっていた。

○テーマ実行への取組み

事業の概要

平成22年に当商店街が宿場祭りの主幹事商店街になったことを契機に、当時の理事長である北村裕志氏より、一過性ではない商店街の核となる魅力づくりに関する相談を受けた。そこで、私たち支援関係者間で協議を重ね、初年度は、東京都の商業高校との連携強化を図り、次年度は保川泉新理事長の下、その成果を具体的に当商店街のブランディング強化につなげる構想を提案し、以下の取組みを進めることとした。

活性化事業

活性化に向けて、以下のテーマに関して助言や事例紹介、マッチング支援などを実施した。

・江戸の宿場街の風情を活かしたハード・ソフト・人材育成、宿場祭りの活性化
・外部連携先へのアプローチ支援（商業高校、近隣大学・高校）
・組合員全員が売れる共通商品の開発事例紹介
・エコステーション撤去後をにらんだ組合事務所の空きスペース活用など

具体的な取組みを、以下に掲げる。

① 荒川商業、芝商業、江東商業の３校からWeb版商店街MAP提案（初年度）

公益財団法人東京都中小企業振興公社の担当者の方の助力を得て、都立荒川商業高校の早田智洋教諭より、都内３商業高校の商店街活動支援に関する意向をうかがった。すでに、大手コンビニチェーンへの商品改良や改善などに関する提言・調査で成果を上げているこ

ともあり、快諾いただいた。その後、各商業高校関係者とも協議を持ち、結果的に商店街のホームページコンテンツとして、商店街MAPの提案を受けた。

② 宿場祭りでの縁台、お休み処、火消し、街娘などの江戸のまちなみを再現（初年度）

従来の宿場祭りには、一過性の集客効果を狙った大道芸やイベントなどが散見されていたが、この祭りを商店街の新たなブランディング強化につながる契機とするよう、関係者間で何回も話し合い、縁台やお休み処の作り方や運営方法について、具体的な助言を行った。

③ 江戸の宿場街の風情を活かした、当商店街のシンボルになるマスコットキャラクターの選定・PR（次年度６～９月）

初年度の都内３商業高校との連携関係をもとに、商店街と支援関係者、早田智洋教諭の間で、募集方法、表彰基準、選考会、表彰式内容を具体的に詰めて実施した。募集テーマは「江戸時代に働く職人・商人たち」とし、３商業高校生への呼びかけを開始した。

実際には、３商業高校に加えて、都立第四商業高等学校も含む４校より100件を超える応募があり、新規性（斬新さ）、地域らしさなどを表彰選定基準に、１次・２次選考会を経て、最終的にマスコットキャラクターに選定された作品をはじめ優秀作品を７つ選定した。そして、平成23年の宿場祭りに地域マスコミを招聘し、表彰式を開催した。

選定にあたっては、地域活性化のキーマンでもある石原美紀氏（品川区商店街連合会事務局）、佐藤亮太氏（品川人力車）、桐村海丸氏（漫画家）、渡辺美恵子氏（特定非営利活動法人ふれあいの家－おばちゃんち代表理事）といった有識者の方々を招いた（http://k-shina.com/event8.html）。

北品川商店街協同組合の新しいマスコットキャラクター

④ 当商店街ならではのビジネスプランの選定・PR（次年度8～2月）

マスコットキャラクターの選定・PRを、実際の商店街各個店の経営活性化と地元の商業活動改善に向けた実質的な成果に結びつけるべく、ビジネスプランの選定・PR活動に、夏休み前から翌年春先まで取り組んだ。選好プロセス・委員は、マスコットキャラクターと同様である。平成24年1月には、総数90作品の中から1次審査で選ばれた14作品を、次の3つの基準で審査した。

・実現性（実行可能性があるか、費用対効果）
・独創性（オリジナリティ）
・調査の実施度（商店街の下調べを十分に行っているか）

審査結果の集計をもとに各審査員が意見を述べ、総合的に評価の高い上位5作品を優秀賞として、次点の6作品を佳作として表彰することに決定した。

商店街地域活性化ビジネスプラン表彰式風景

○成功のポイントと今後の課題

宿場街らしさのさらなる進化

活性化事業を通じて、内外に「北品川＝江戸風情の町人文化が体感できるまち」との印象が発信できたと考えている。しかしながら、レトロなまちなみや職人文化を前面に押し出した商店街は、各地に続々と誕生している。当地でしか味わえない魅力づくりのため、従来のコンテンツ維持に安住せず、不易流行の視点から守るべきものと改革すべきものを適切に判断しながら、常に有効な施策を実行し、当エリアのブランディングを進化させていくことが期待される。

増加しつつある散策客と新住民の買い物ニーズの取り込み

当地域には、魅力的な観光資源だけでなく、都心部への交通至便さという利点があり、近年では高層マンションなどを中心に、新住民が増えつつある。しかしながら、近隣には有力な量販店や魅力的な大型商業集積も数多く存在することから、当地域の商業者を取り巻く競合環境は激化する一方である。それだけに当商店街には、交通弱者や単身住人などのニッチ需要（惣菜や生活関連商品）の取り込みだけでなく、散策客や新住民の付帯需要への深い理解や、そのニーズにマッチした取組みに向けた各種改善が期待される。

今回の取組みを通じて、外部との有力なネットワークや地元有識者との関係強化を図れたため、そうした外部資源を活用した、顧客目線に即した独創的な商業環境整備に努めてほしいところである。

商店街事務所スペースの有効活用

商店街の中央部にある商店街事務所の店頭にはエコステーションが設置されていたが、行政からの助成期限が終了したこともあり、次代に向けた当スペースの有効活用はかねてからの課題になっていた。幸い、まちづくりの基本方向性が明確になったこともあり、今後はこの方向性をもとに、まちのシンボル・ランドマークになるような発信拠点としての変貌が、大いに期待されるところである。

テーマは「江戸情緒と大衆文化の出会い」、近隣商店街との連携で活性化を図る

原﨑　崇

○奥山おまいりまち商店街

商店街の紹介

奥山おまいりまち商店街は、浅草寺境内の西に位置している。最寄駅はつくばエクスプレス浅草駅（秋葉原から２駅）で、駅から徒歩約３分だ。六区ブロードウェイ真中の公園六区交番のある交差点と浅草寺を結ぶ全長約170m、組合員数32の小規模な商店街で、組合員は飲食店、買回品中心の物販店、演劇場所で構成され、生鮮食料品店、サービス業はない。都内では２ヵ所しかない大衆演劇のメッカ・木馬館大衆劇場、日本唯一の浪曲の定席・木馬亭があるこ

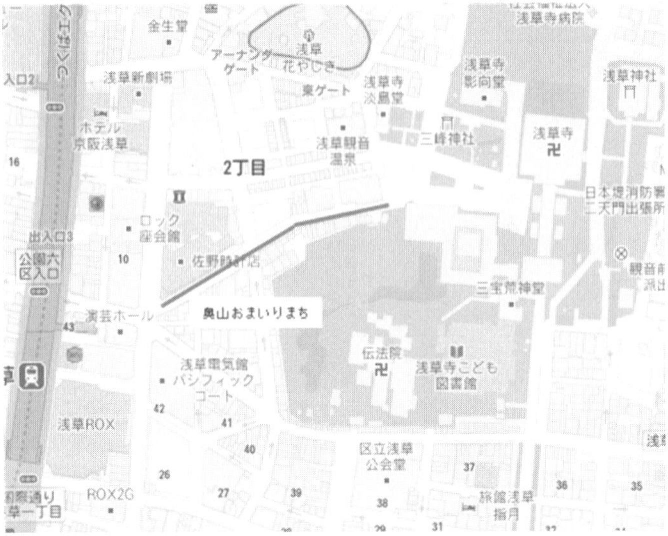

商店街へのアクセスマップ

とでも有名だ。

当商店街の歴史は古く、昭和22年に会員数6～8名で、木馬館通り商店会として発足した。その後、昭和35年頃に宝塚横通りと一本化して浅草観音西本通り商店会、昭和48年11月の浅草寺の五重塔第1期工事完成を前に、昭和47年に五重塔通り商店街振興組合と改名し、平成17年に現在の名称に変更している。

当商店街は、東京都主催の平成21年度第5回東京商店街グランプリ（エンタテインメント部門）で見事、グランプリを獲得している。それに先駆け、商店街で景観まちづくり協定を締結し、江戸情緒のあるまちなみを作ったり、近年、近隣の花やしき通り商店街、西参道商店街の3商店街で浅草奥山江戸町協議会を構成し、活発に活動したりなど、先進的な取組みを行っている。

当商店街には、ホームページがある。マスコットキャラクターの「奥山小町」がキュートだ。店舗情報やお勧めの散策ルートなど、コンテンツは充実している。ただ、最近（平成24年12月末現在）は更新が行われていない。

奥山とは

浅草周辺は水運の要所として、古くから栄えていた。特に江戸城築城を機会に、浅草寺を中心に庶民のまちが形成された。その中で、江戸の頃から浅草寺裏手の奥山と呼ばれる一帯で、見世物興行が行われ始めた。奥山の興行は大変人気があり、栄えたそうだ。しかし明治になり、浅草六区に興行街を作ることになったため、見世物小屋や大道芸はすべて奥山（五区）から六区に移され、大衆芸能の中心地も移ってしまった。当商店街は、活性化にこの奥山の歴史を活かしている。

○奥山おまいりまち商店街を訪ねて

当商店街は、平成22年11月に商店街研究会の視察で訪問させていただいた。今回、平成24年5月末の土曜日午後遅くに、1年半ぶりに再訪問した。

地下鉄浅草駅から仲見世通りを通り、浅草寺に向かう。すごい人出だ。外国人観光客も多い。人混みにもまれ、ようやく浅草寺にたどり着いてお参りをする。

本堂から左手に進むと、奥山門が見える（**写真1**）。ここからが、奥山おまいりまち商店街だ。門をくぐると、江戸情緒を感じさせるファサードの揃った建物が左側に続く（**写真2**）。大衆食堂の名店があり、昼酒を楽しむ大人で賑わっている。その向かいには、木馬館大衆演劇場と木馬亭がある。昔から大衆演劇のまちである浅草を感じさせる場所だ。少し歩くと、路上に柳の植栽、赤い毛氈を敷いた縁台、火消し桶があり、江戸情緒を醸し出している。また、お決まりの顔出しがあり、

写真１　奥山門

写真２　整ったまちなみ

若者が楽しそうに写真を撮っている。たまたま閉まっていた商店のシャッターには、江戸情緒漂う絵が描かれている（**写真3**）。街路灯は格子行燈風で、無粋な感じはない。商店街の反対側の端にも、木戸をイメージした門がしつらえられている。商店街の端まで、ゆっくり歩いて5分程度でたどり着いた。

写真３　シャッター絵

以前と変わらず、落ち着いた雰囲気で清潔感のある、こじんまりとした商店街だ。

○活性化への取組み―浅草の賑わいを奥山に

ここで、当商店街の活性化への取組みを紹介したい。当商店街は、平成17年につくばエクスプレスの新駅ができたことにより、浅草寺への参道としての役割を果たすことが期待された。浅草への来街者の回遊性を高めるために、街路整備からまちづくりが始められた。

ハードの整備：まちづくり協定の策定

平成16年度にまちなみ修景街路整備事業を実施し、当商店街は駅から浅草寺への参道として生まれ変わった。平成17年にはまちづくり協定を結び、将来にわたり、整備後の風景を奥山おまいりまちにふさわしい風景として永続させるため、まちなみの詳細なデザインが規定された。その際、江戸情緒と大衆文化の出会いをテーマに、べんがら色の山門と大木戸が設置された。

ソフトへの取組み：こども歌舞伎で第５回東京商店街グランプリ獲得

一方で、ソフト面の取組みも始められた。縁日、見世物小屋、大道芸祭りなど、毎年趣向を変えながら、話題性のある江戸文化イベントが開催されてきた。

このような取組みが行われる中で、こども歌舞伎というアイデアが生まれた。初開催は平成20年10・11月。東京、山梨、埼玉、群馬などからこども歌舞伎が招致された。商店街内特設会場で、日曜日に８回にわたって実施したところ、8,000人の観客を集め、売上高125%という経済効果を実現した。翌年、歌舞伎会場を浅草寺境内に移し、回数を14回に増やしたところ、19,600人の観客を動員し、見事に東京商店街グランプリを受賞した。

浅草奥山こども歌舞伎まつりは単発行事ではなく、年中行事としてすっかり定着しており、今後の拡大が楽しみだ。

○成功のポイントと今後の課題

商店街活性化の課題は、グランプリ受賞での前理事長のコメントが集約している。

「イベントでの話題づくりには成功しているので、各商店がさらに潤うよう、歌舞伎文化にちなんだ商品開発を活発に行う予定です。また、隣接する商店街と共同で、江戸まちゾーンのアピールを積極的に推進していきます」

江戸まちゾーンに関する取組みは、精力的に進められている。近隣の花やしき通り商店街、浅草西参道商店街とともに浅草奥山江戸町協議会を構成し、平成22年11月から浅草奥山こども歌舞伎まつりの御練りを３商店街で行ったことをはじめ、平成23年度より、月１回の頻度で共同イベントを開催している。連携しているNPO法人まちづくり推進機構の手厚いサポートを得て、限りあるリソース（経費、人材）を有効に使った継続的な取組みが行われており、その努力は素晴らしい。なお、３商店街ともに江戸町をテーマにした景観整備を行っており、完成後の連携も楽しみだ。

一方、中心市街地に立地する商店街としての課題もある。当商店街内に大手チェーンホテルが進出し、景観の変化が懸念されたが、セットバックとホテル前の柳の植栽により、以前に比べて明るい雰囲気になっている。今後は、特に六区角の大規模施設の建設がまちなみにどのような影響を与えるかが気になるところだが、景観まちづくり協定を締結しているため、江戸情緒を残せるものと期待されている。

まとめ

当商店街は小規模商店街、中心市街地の立地などによる制約はあるものの、コンセプトのしっかりしたまちづくりと、さまざまな工夫を凝らしたイベントで活性化を成功させている。歴史を活かし、近隣商店街と連携し、周辺を巻き込んだ取組みが、趣向やアイデアたっぷりに進められており、今後の動向が注目される。

当商店街には、個店レベルでも個性的な店舗が育ってきている。観光客向け着物レンタル店や男物呉服店のように、立地と歴史を活かした有名店が出てきているのだ。また、喫茶店からこだわりの日本酒と炭火焼き鳥店への業態変更の成功例、有名プリン店の新規出店などの変化も見られる。商店街での取組みと個店の取組みの相乗効果が、好循環を生むことが期待される。

行事に関する広報は現在、浅草観光連盟経由で行っている。リソースをイベントに集中しているため、冒頭に記したようにホームページの更新にまでは手が回らないとのこと。個性的で素晴らしい取組みを自主的にPRできる手段があれば、さらなる集客効果が期待できそうだ。

観光による地域おこしを目的に レトロなまちなみを再現

鈴木　隆男

○香取大門通り会と亀戸の歴史

香取大門通り会

香取大門通り会は、JR亀戸駅の北約400mに位置する近隣型の商店街である。7世紀後半に創設された、区内最古の香取神社の参道に位置する全長200m弱のコンパクトな商店街で、青果店やお茶屋をはじめ、生活に密着した店舗など、約30店が軒を連ねている。

亀戸の発展の歴史

亀戸の歴史は古く、かつては海に浮かぶ孤島であった。この弧島の形が亀に似ていることから亀の島と呼ばれ、後に周囲と陸続きになり、亀村と呼ばれる村が形成される。湧水、亀ヶ井（現・香取神社内）と混じって亀井戸と呼ばれ、後に井の字が略されて亀戸となった。

665年に藤原鎌足が香取神社を創建し、室町時代の1395年に龍眼寺、1403年に天祖神社、1522年に普門院などが創建された。江戸時代、4代将軍・家綱の時期に大規模な都市計画が進み、明暦の大火（1657年）以降、本所深川の開発と河川整備が行われ、

亀戸香取・勝運商店街マップ

1661年に両国橋、1693年に新大橋が架橋された。同時期の1662年には亀戸天神が創建され、梅屋敷、亀戸天神の藤、龍眼寺の萩など、花の名所も増え、江戸市中からは橋を渡って船を使い、大勢の行楽客が来訪した。また、亀戸は近郊農村として亀戸大根、つまみ菜などを江戸町民に供給していた。

明治37年3月 に総武鉄道（現・JR総武線）の亀戸駅が、4月には東武亀戸線の亀戸駅が開業し、商業の中心として発展した。しかし、大正12年の関東大震災は亀戸地区にも大きな被害を与え、亀戸町の焼失家屋は約400戸に及んだ。第2次世界大戦末期、昭和20年3月10日の東京大空襲では、一夜にして約10万人が死亡し、両国・錦糸町・亀戸などが焼け野原となった。

香取大門通り会の歴史

大戦で亀戸地区は大きな被害を受けたが、昭和24年の統制解除後は、物不足の中で食品類を商う香取大門通りは、「亀戸の台所」として賑わった。昭和30～40年代は、集団就職の若者を雇用する町工場も多く、冷蔵庫のない時代、青果店、精肉店、鮮魚店の生鮮三品が充実した通り会は、近隣だけでなく周辺地域からも多くの買い物客で賑わい、通りでは朝の5時からスリの被害が出るほどであった。やがて、冷蔵庫の普及や車社会の発達、スーパーマーケットの進出などにより、商店街を取り巻く環境は変化し、活気が失われて空き店舗が目立つようになった。

その後、スーパーマーケットなどの大規模店舗が増加し、品揃え、価格面で個人商店を圧倒するようになり、バブル崩壊後は、低価格競争の激化や消費低迷などにより、空き店舗が増えて一部は駐車場になり、商店街としての連続性を維持するのが困難になった。

そんな商店街にとって、平成20年10月、江東区が公募した観光レトロ商店街モデル事業への応募が転機となる。この事業は、商店街を観光名所化することで、商店街活性化と観光振興の実現を目指すもので、指定された商店街には景観整備とソフト面充実のため、補助金による支援が行われる。

○観光レトロ商店街モデル事業

事業の背景

亀戸には、亀戸天神や香取神社などの観光資源があり、年間を通じて多くの観光客が訪れる。平成24年5月に東京スカイツリーが開業し、墨東地区への観光客増加が期待されている。

江東区の観光レトロ商店街モデル事業は、こうした状況を背景に実施された。観光による地域おこしを目的に、「昭和レトロ」をキーワードとして、昭和30年代の活気ある商店街を再生させることを目指している。また、同事業を推進する香取大門通り会は、平成22年度の東京都地域連携型モデル商店街事業の指定も受けている。

看板建築の商店

同事業の主な取組み

同事業の主な取組みは、統一景観の整備による店舗ファサードの看板建築の採用、ゲート、突き出し看板、空き店舗の活用、門前町としての地域ブランドの開発など、香取神社を商店街集客の核と位置づけ、門前町として魅力ある歩行者空間、レトロな店舗景観、観光的な魅力ある商品のある商店街づくりを進めるもので、総事業費は2億7千8百万円に及んだ。

地域協議会の開催と期待される効果

同事業の開始に際して平成21年8月、香取大門通り会を中心に亀戸観光協会、香取神社、亀戸天神社、町会などと香取大門レトロ商店街事業推進協議会（地域協議会）を開催し、活発な議論を行うとともに、ホームページ・ブログの立ち上げ、イベントの実施などを通じて地域の絆を強化していった。地域協議会の開催は、商店街活性化と観光振興が一体化した新たな取組みで、江東区も亀戸地区を東京スカイツリー開業後の重要な観光拠点と捉え、同事業を地域住民が主導する区との共同事業と位置づけ、積極的に支援を行う体制を整えている。

各店舗が「昭和レトロ」をテーマに取り組むことで、商店街全体の魅力が向上し、多くの観光客をひきつけ、観光型商店街としての発展が期待できる。また、亀戸地区の観光資源との相乗効果を発揮することで回遊性が向上し、地域全体の経済的活性化も期待される。

○モデル事業の具体的な取組み

香取大門通り会は、平成22年度に東京都地域連携型モデル商店街事業の指定を受け、以下の事業を推進した。

景観整備

大正期から昭和期において関東各地で見られた看板建築（建物前面をモルタルや銅板で装飾する技法）を採用した。さらに、突き出し看板と庇テントを設置することにより、通りに面したファサードに統一感を生み出す改修を行った。

空き店舗を活用したシンボル施設の開設

観光案内所および地域の交流場所として活用する「コミュニケーションスペース勝運広場」、地方の産品を集めたアンテナショップ「青森物産ショップむつ下北」の開設を行った。

勝運ブランディングと特産品開発

香取神社の勝守りをテーマに、商店街の名称を勝運商店街とし、ロゴマーク、名称、キャラクターなどのブランドツールを整備して、情報発信に活用している。また、ここでしか入手できない、食べ歩きが楽しい勝運商品の開発が行われた。

商店街ウェブサイトの開設による情報発信

商店街の魅力の詰まった短編映画の制作、まち歩きに便利な日本語、英語、中国語、韓国語のマップを作成した。

イベントの開催

新しい商店街のオープニング記念イベントが、平成23年3月12～13日に開催されたが、前日に起きた東日本大震災のため、自粛したイベントとなった。その後、香取神社の行事をはじめとする既存の行事と連携した楽しいイベント、学生たちとの新しいイベントや勝運商店街の創作踊り「かめじゃないか」を展開している。

かめじゃないか踊り

勝運広場前のむつとの遭遇イベントのテント

○成功のポイントと今後の課題

新しいイベントの増加

この事業開始前の商店街の行事は、中元・歳末の大売出しが中心であったが、現在は春・夏・秋の陣イベントをはじめ、平成24年度は青森物産ショップ・むつ下北の店主が中心となり、青森県むつ市との連携イベントを行うなど、多彩な広がりを見せている。事業開始後、新たな商業者が参入し、イベント推進などの活力となっている。

新陳代謝が進み、空き店舗が減少

事業開始前の商店街には、表通りに８店の空き店舗があったが、自転車店、居酒屋、駄菓子屋、菓子卸、整骨院の５店がオープンし、１ヵ所は駐車場となった。平成23年４月以降では３店舗が撤退し、茶屋、居酒屋、飲食店（工事中）の３店舗が新たにオープンするなど、新陳代謝が進んでいる。

商店街・個店の課題と方向性

商店街の課題としては、空き店舗や駐車場が多いことが挙げられる。空き店舗は減少したが、駐車場は以前から多く、商店街の連続性が途切れている。また、各個店では後継者不在に悩む所が多く、事業継承が課題になっている。事業継承については、商店街が賑わいを取り戻し、各個店の経営が順調に推移すれば、現在は会社などで働いている子息らが跡を継ぐと考えられる。そのためには、①観光スポットとしてのイベントを開催する、②現在は駐車場となっている場所に、夜でも賑わいを作り出せる屋台村などをオープンさせるといった対策が考えられる。

寅さんのふるさと、
江戸・下町情緒を残すまちづくり

山中　令士

○下町情緒を残すまち・柴又帝釈天参道の商店街

帝釈天の参道商店街として栄えたまち

この商店街は、帝釈天の参道に栄えた商店街である。帝釈天は、正式には経栄山題経寺（日蓮宗）と言い、寛永年間（1629年）に開基された名刹であって、江戸時代から庚申参りで賑わった由緒あるお寺である。庚申参りとは、江戸時代に民衆の大厄難を救うために現れた板本尊への報恩として、その板本尊の再来の日である庚申の日（かのえさる）に、人々が帝釈天にお参りしたことに由来する。

京成電車の押上（スカイツリー前）駅から10数分、京成高砂駅で金町線に乗り換えて柴又駅に着くと、駅前から帝釈天の参道が始まっている。参道の両側には草だんご店、煎餅店、みやげ物店や川魚料理店など、多くの老舗店で構成される商店街（柴又神明会）が軒先を連ねており、参拝客や観光客で賑わっている。また門前町らしく、神仏具や骨董の店もある。

交通図

平成24年5月22日に開業した東京スカイツリー目当ての観光客も、江戸情緒を味わえるまちとして足を伸ばしている。また、駅前には柴又観光案内所が設けられていて、商店街のみやげ物や食事の店

を紹介する「柴又帝釈天参道おみやげ・お食事マップ」や、柴又周辺の観光ポイントを紹介する「かつしか柴又マップ」などを手に入れることができる。こうしたマップを片手にまち歩きを楽しむのも良い。

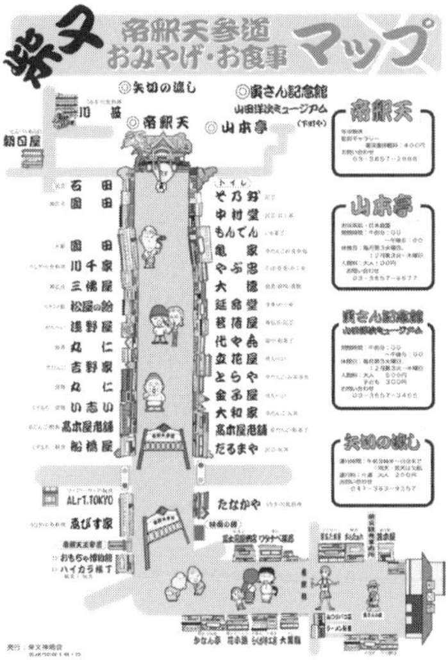

商店街マップ

柴又駅前の寅さんの像

寅さんのふるさととしての商店街

ここ柴又は、「わたくし、生まれも育ちも葛飾柴又です」の口上で一世を風靡した、フーテンの寅さんのふるさととしても人気が高い。山田洋次監督、渥美清主演の国民的映画「男はつらいよ」は、昭和44年8月の第1作以降、26年間にわたる48作のシリーズとなり、主人公・寅さんは、日本人の心のふるさとを体現している。

商店街には、第1～4作までの撮影が行われた老舗の草だんご・お食事処の「とらや」や、撮影時のゆかりの品々がたくさん展示され、寅さんの指定席がある老舗の草だんご・和菓子店「高木屋」もあり、また多くの店で当時のロケの写真などが店頭を飾っていて、至る所に寅さんの名残が見られる。

渥美清さんの死去で映画は途絶えてしまったが、いまだにその人気は高いものがあり、寅さんのふるさととして柴又を訪れる観光客は、依然として多い。平成11年に商店街や住民、観光客の寄付により「寅さん像」が柴又駅前広場に設置され、訪れる観光客を迎えている。

○商店街活性化の取組み

下町情緒を活かしたまちづくり

柴又神明会の会長であり、NPO法人柴又まちなみ協議会の会長でもある石川宏太さんに、商店街活性化の取組みについてお聞きした。

この商店街は、古くは庚申参りの多くの人出で賑わっていたが、時代とともにお参りの人数は減少しており、最近では昔の面影は見られなくなっている。

また、寅さんのふるさととして全国的な人気を誇っていた当時は、年間数百万人の観光客が訪れ、大いなる賑わいを見せていたが、映画終了後は徐々に訪れる観光客の足も遠のき、全盛期に比べると格段の減少となっている。

こうした危機的な状況に立ち上がったのは、過去の成功体験に浸っていた商店主から代替わりをした、新しい世代の店主たちであった。そして、20～30代を中心として、本格的なまちづくりの取組みが始まった。

柴又の良さを再認識するために、メンバーは何度も「男はつらいよ」を見たそうである。そして、自分たちのまちの良さは、下町情緒を醸し出し、街角から寅さんや妹のさくらがふっと出てきそうな、そんな街並みであると気づいたことから、新たな活動が始まった。

地域の再生や、まちづくりを通じた商店街の活性化については、行政や商店街が全国的に懸命に取り組んでおり、神社や仏閣をはじめとする歴史的な建造物や、それが立ち並ぶ景観などを活かしたまちづくりを通じて、多くの来街者を呼び込む努力を行っている。

ここ柴又では、商店街（柴又神明会）やNPO法人柴又まちなみ協議会などが、長年にわたって柴又らしい下町情緒や懐かしい景観を保存・復活させるなどの取組みを地道に行い、成果を出している。

「美しいまちなみ特別賞」を受賞

葛飾柴又の帝釈天参道周辺地区は、平成22年度都市景観大賞「美しいまちなみ特別賞」を受賞した。これは、江戸の下町風情をうまく活かしつつ、地域特性をよく出しながら、一貫したデザインになっている点が評価されたものである。このまちなみ整備は、東京都と葛飾区の補助事業を活用し、参道の商店街（柴又神明会）やNPO法人柴又まちなみ協議会が事業主体となって、景観ガイドラインを策定・運営するなどして進められてきた。

受賞については、長年にわたる地道な取組みの積み重ねが高く評価されたもので、受賞に至るまでの活動を以下時系列でたどってみると次のようになる。

・昭和63年、葛飾区とともに「帝釈天及び参道の景観保護に関わる指導基準」を策定し、「門前街並み委員会」が発足。
・平成11年、駅前広場の「寅さん像」建立。
・平成13年、葛飾区都市計画マスタープランによる、歴史性を重視したまちづくりを推進。
・平成16年、東京都の「東京のしゃれた街並みづくり推進条例」に基づき、街並み景観重点地区に指定。江戸時代からの風情を残した下町情緒あふれる地区として、看板や外壁を「和」を感じさせる素材や色彩のある塗装へ改修し、窓の装飾や縦格子、すだれの設置などにも工夫がなされた。
・平成18年、地域連携型モデル商店街事業として、「柴又

「和」を感じさせる看板

レトロ、宵灯り計画」を実施。夕暮れ時の参道のまちなみを浮かび上がらせるため、看板や軒下の照明でライトアップした。

・平成19年、NPO法人柴又まちなみ協議会設立。

・平成20年、東京都の「江戸東京・まちなみ情緒の回生事業」に選定。情緒あるまちなみ整備事業が都、区の支援を受け、周辺観光施設の回遊空間の快適性を向上させるため、帝釈天から通じる塀や休憩所などの設置が行われた。

帝釈天から通じる白壁

これらの長年にわたる一連の事業によって、昔のままの姿を残すまちづくりが進められた結果が、都市景観大賞「美しいまちなみ特別賞」の受賞につながったのである。

観光スポット「葛飾柴又寅さん記念館」

参道の商店街を通り抜けて、帝釈天の二天門の前を右折し、白塀沿いにしばらく歩いていくと、葛飾区観光文化センター内に設けられた「葛飾柴又寅さん記念館」がある。

ここでは、秘蔵映像をはじめ、寅さんのすべてが見られるということで全国のファンが多く訪れており、実際に映画で使用された「くるまや」の撮影セットなどが復元されていて、家族連れでゆっくりと柴又の下町情緒を楽しめるようになっている。

平成24年12月「山田洋次ミュージアム」開設

葛飾区は、平成24年12月15日に「男はつらいよ」シリーズのほか、「幸せの黄色いハンカチ」や「武士の一分」などで有名な映画監督・山田洋次さんの作品や出演者の映像・資料を展示する「山田洋次ミュージアム」を、葛飾柴又寅さん記念館の隣に開設した。

寅さんだけでなく、山田洋次ワールドを存分に楽しめる新たな観光スポットとして、人気を集めることが期待されている。

○成功のポイントと今後の課題

まちづくりは人づくりと組織づくり

まちづくりを推進するのは、熱い情熱を持ったリーダーとそれを支える人々の集まりであり、商店街の次世代を担う後継者や各方面からの協力者の参加が重要である。そして、その受け皿としてのNPO法人柴又まちなみ協議会の下に、3つの商店会、地元自治会、都市景観の専門家など多くの人々が参加し、都や区の行政と連携したことも成功のポイントである。

行政のまちづくり施策との連携

昭和63年に葛飾区と行った「門前街並み委員会」が始まりであり、その後、東京都の「街並み景観重点地区」の指定を受けるなど、行政のまちづくりの施策・支援と商店街が連携して活動してきたことも、成功のポイントである。

下町情緒のPR

東京スカイツリーから電車でわずか10数分にある立地の良さを活かし、現代の象徴「東京スカイツリー」と対比させる形で、柴又の持つ江戸・下町情緒をいかに効果的にPRできるかが、観光客増加に向けた課題となる。

第6章

アンテナショップによる交流づくり

立川市｜立川南口中央通り商店会
杉並区｜和泉明店街
板橋区｜上板南口銀座商店街
板橋区｜ハッピーロード大山商店街

目覚めよ地域力！　アンテナショップによる人情味あふれるまちづくり

鈴木　恒雄

○近代都市化が進むまち

都市生活空間に密着した商店会

立川駅の南口駅前は区画整理事業がほぼ完了し、駅前メインストリートである南口大通りは、頭上に多摩都市モノレールの立川南駅、駅間の連絡通路となる２階デッキ、商業集積ビルが立ち並ぶ近代的なまちなみとなった。立川南口中央通り商店会は、南口駅前から南下する南口大通り沿いを中心に、駅から300～500m 圏内に会員数約 41 店舗で街区を形成している。南口駅前は東西方向に商業集積しているが、立川南口中央通り商店会が位置する駅の南方向は、中心市街地内でありながら、駅前とは景観が一変する。大通り沿いにはビルが立ち並び、物販店などのテナントが軒を連ねているが、大通りから一歩奥に入ると、マンションや低層住宅が立ち並ぶ住宅地が広がる。

立川駅中心市街地における商業発展の背景は、駅の南北で大きく異なる。立川駅北口周辺が大型百貨店の進出により、広域から集客してきたのに対し、駅南口周辺は個人商店の集積により、地域に密着しながら発展してきた。

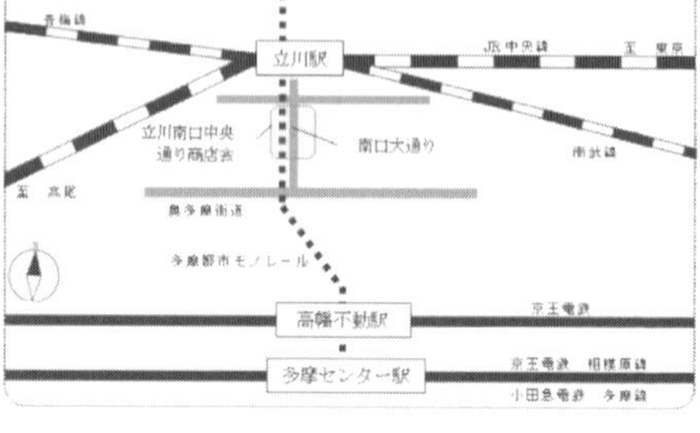

都市軸上に描くコミュニティデザイン

立川駅中心市街地は、東京西部を代表する一大商業集積地として、目覚ましい発展を遂げている。平成12年、東京西部を南北に縦断する多摩都市モノレールの立川北・南駅間が開通したのを契機に、駅ビルやエキナカの整備が進み、魅力的な専門店街を形成している。JR東日本のデータによると、平成22年度における立川駅の乗車人員は、1日平均約15万7,000人を超えており、23区外の東京都下では、吉祥寺駅を抜いて最多である。

立川駅近辺は、これまでアクセスが不便だった京王線や西武線沿線地域からの来街者が増加し、商圏の拡大に伴って、駅を軸にした周辺への回遊を狙い、都市機能を強化している。駅南口周辺は、土地区画整理事業によってハード面が整備されたことで、個性的な業態店が出店し、広域から訪れる若者で賑わっている。

駅から徒歩で5分ほど南下すると、通行者に占める若者の割合は少なくなる。駅前とはターゲットの異なる商圏が形成されているからだ。特に、地元産の新鮮野菜などを購入する地域生活者で賑わうテナントが目を引く。平成21年、当商店会による農商連携型空き店舗活用事業として、「南口ファーム」と命名したアンテナショップが開店した。店内では、店員と会話を交わしながら楽しそうに買い物をする来店客の姿、なじみ客同士の井戸端会議も散見され、ありし日の立川南口のほのぼのとした情景を彷彿とさせる。

○商店会活性化に向けた取組み

地域に息づくアンテナショップづくり

立川南口中央通り商店会の会長・竹尾信昭氏に、商店会活性化に向けた取組みについてお聞きした。

昭和30年代は、生鮮品を含めた物販店を中心とする約80店舗が商店会を構成しており、買い物客同士の井戸端会議が随所で見られ、商店会は地域におけるコミュニティ機能も担っていた。昭和50年代後半からは、駅を中心とした商業施設の整備や大手スーパーの進出といった外部環境の変化が、商店会会員の減少をもたらした。さらに、土地区画整理事業に伴い、メインストリートである南口大通りが拡幅され、土地買収による店舗面積の減少と、東西に商店会が分断されるという現実に直面した。商売に見切りをつけ、ビル・マンションオーナーに転身する会員も増加した。会員数は、繁栄期だった昭和35年当時の半分に落ち込んでしまった。

地域生活者に親しまれてきた商店会の商業機能の低下により、地域の憩いの場であった店が喪失し、商店会本来の持ち味だった人情味も希薄化していった。一方、商店会内部においても、会員の約半数をビルオーナーが占めており、先駆的かつ積極的に活性化事業に取り組むのは困難であった。

中心市街地内の商店会の活路を考察するにあたり、駅からの人の流入を狙うことも立地的には可能だが、原点に戻り、地域における商店会の存在価値を問いただすことから始めた。古き良き時代をイメージさせるアンテナショップを作って、地域生活者を商店会へ回帰させ、地域コミュニティを活性化させることを最優先課題とした。「南口ファーム」と命名されたアンテナショップは、建物や地域が以前に持ち合わせていたエッセンスを復活させ、現代風にアレンジを加えている。特徴ある3店舗が集結し、相乗効果を発揮している。この事業は、第6回東京商店街グランプリで優秀賞を受賞した。

アンテナショップ「南口ファーム」

① 農産物直売所・みどりっ子

平成21年11月にオープン。JA東京みどりとの共同事業として、100軒近くの近隣農家と契約している。契約農家で朝採り、もしくは前日夕方に収穫した新鮮野菜を、2トン車で市内の集積所から集荷して販売している。生産者が、売れ行きをほぼリアルタイムに携帯電話で確認できるシステムを導入しており、出荷量などは自主的な調整に任せている。農産物のほか、菓子や地酒等の購買品も扱い、品揃えを充実させている。また、地域のホテルにも卸しており、レストランでの地産地消メニューは好評である。この直売所には、1日400人近い来場があり、ランドマーク的存在となっている。

② 信濃大町アルプスプラザ

平成22年4月にオープンした、立川市の姉妹都市・長野県大町市のアンテナショップである。大町市のお土産や食品加工品（蕎麦、おやきなど）を販売しているほか、観光案内所も兼ねている。市単独でのアンテナショップ設置は全国的にもあまり例がなく、両市の距離が縮まっていくことを感じさせる。また、新たな雇用創出、若年者の就労支援の受け皿にもなっている。

③ たちかわ若者サポートステーション

平成22年4月にオープンした、地元NPO法人との共同事業である。フリーターやニートなど、若者の就業体験の場として、みどりっ子、信濃大町アルプスプラザをはじめ、商店会事業や地域農家に若者を派遣している。みどりっ子においては、店内POPの作成やフリーペーパーの発刊など、お店のPRにも一役買っている。地域振興の担い手不足の中、若者が積極的に参加することで、地域活性化の原動力になっている。

立川産野菜を使用したレシピ本

立川の新鮮野菜を使ったレシピ本による地産地消の推進

平成23年度に、みどりっ子で販売している季節ごとの旬野菜による料理レシピ本を製作し、みどりっ子、アルプスプラザをはじめ、商店会会員店舗で無料配布している。レシピの監修に料理研究家を起用して手軽な料理を紹介しており、買い物客には好評である。食を通じて店の売上、ひいては地域コミュニティの活性化に大きく貢献している。また、ホームページでもレシピを参照できる。

地元レシピ☆立川野菜ＨＰ
http://www1.m-net.ne.jp/tsr-mm/recipi/recipi.htm

○成功のポイントと今後の課題

地域活動主体と地域資源の有機的な連携

衰退期にあった商店会を活性化させる取組みには、２つの仕掛けがあった。１つ目は、空き店舗を活用した地域生活者に親しまれるキーテナント、２つ目は、若者と農業、商業による地域資源の連携である。

地域に生鮮野菜を販売する店舗が不足していること、市内にこだわりを持っておいしい野菜づくりをしている農家が多いことから、日常的に高頻度で購入される地元産新鮮野菜の直売所をキーテナントにすることで、地域生活者の集客を狙った。さらに、新鮮で旬な季節野菜を、年間を通じて安定供給するため、JA 東京みどりが仕入・販売面をサポートして店舗運営に参画している。また、地元NPO 法人の協力を得ることで、若者就労体験の場として人材面を確保している。

行政による事業の全体統括サポート

「商店会内部において、事業の準備が順調に進んだわけではない」と竹尾会長は語る。アンテナショップの候補地の所有者が、空き店舗のマンションへの建て替えをすでに検討していたとのこと。商店会内部の調整だけで事業への理解と協力を求めるのは難しいが、立川市による事業サポートが功を奏している。市を通じて長野県大町市との連携も実現し、事業の拡充に大きく貢献している。

過去と未来をつなぐ時間軸上に新たな活路

1日に500人近い集客力を誇る南口ファームが、商店会のランドマーク施設として確立したいま、地域コミュニティが復活するとともに、商店会もかつての持ち味だった人情味を取り戻しつつある。

しかし、商店会がイメージしているビジョンを実現させるには、この効果を、南口ファームから商店会全体へ波及させなければならない。ハード・ソフト面において、南口ファームを中心として、街区全域に回遊軸を形成する仕組みづくりが課題である。

ハード面においては、メインストリート沿いに点在するコインパーキングや駐輪場の土地を、再び有効活用することによる商業機能の強化である。さらにソフト面においては、各会員店舗で個性あふれる店主が講師となり、プロの技や豆知識を受講者に伝授するまちゼミナールにより、中長期的なファンベースの拡大などを検討している。

描いたコミュニティデザインに基づき、先人の営みの上にその時々の地域特性を加味したまちづくりをしていくことで、新たなまちの表情が生まれることを期待する。

生き残りを賭けた挑戦
沖縄タウン化事業で賑わいが復活

中津留　準

○厳しい環境の中で生き残りを賭けた商店街

杉並区の東南端にある近隣型商店街

和泉明店街は、杉並区の東南端、中野区、渋谷区、世田谷区と隣接する位置にある。新宿から京王線各駅停車で２つ目の代田橋駅が最寄駅で、当駅から北進して甲州街道を渡った所から当商店街は始まる。東側の環七通りには、渋谷・阿佐ヶ谷間を走る都バスの和泉１丁目バス停がある。付近には専修大学付属高校があり、若者も多く行き交う。商店街会員数は約70店、近隣型で生鮮三品をはじめ、日用品はほとんどの業種がそろっており、飲食店も多い。

かつては地元住民の生活の場として賑わったが、近年は周辺地域にスーパーマーケット、量販店、ディスカウントショップなどが多数出店したために、苦戦を強いられてきた。当商店街では会長以下、役員の優れたリーダーシップと多くの意欲的な会員の協力を得て、従来から福引、スタンプセール、カラオケ大会、餅つき大会などを実施し、集客活動への取組みを続けてきた。それ

でも、厳しい競争環境の中での客離れ傾向を止めることはできず、客数の減少、売上の低迷、後継者難による店主の高齢化、転廃業と空き店舗の増加など、多くの商店街に共通する問題が発生し、徐々に衰退化していった。平成16年当時の来街者数は、通学などで通過する人も含めて、平日で1日あたり約1,500人、休日はさらに少なく、その半分程度であった。

沖縄タウン化構想

平成16年の初め、沖縄県にルーツを持つ区会議員から、沖縄タウン化構想のアイデアが持ち込まれた。当商店街の中心には、かつて十数店からなる市場があり、核店舗として多くの客を集め、「スリにご用心」の警告が出るほど賑わっていた。しかし、最近は約半数が空き店舗となり、人通りも少なく、活気も失われていた。この空き店舗に沖縄の店を誘致して、めんそーれ市場とし、既存の店も従前の取扱品と並行して、沖縄物産や沖縄料理を提供する。そして、まちなみを沖縄風にするとともに、沖縄関連のイベントを頻繁に開催して商店街を沖縄タウンのテーマパーク化するという構想であった。区の産業振興課も、この取組みを支援すると約束してくれたが、まずは商店街が主体的に取り組む意思を示す必要があり、これを決断するのに4月までの3ヵ月間を要した。

この事業に必要な資金はどれほどのものか、その資金をどのように調達すればよいのかは、まったく不明であった。また、商店街会員の同意を得られるか、沖縄県などの業者の協力が得られるのか、空き店舗の家主が店を貸してくれるのかなども不明で、さらにこの事業が失敗したら、商店街は完全に崩壊してしまうのではないかとの不安もあった。

このような中、役員は頻繁に会議を行って協議したが、予測されるリスクが多すぎて、容易に結論は出なかった。この過程で抜ける役員も出たが、残った役員8名は小尻会長（当時）の下、結束して事業を進めることを決め、沖縄タウン化事業がスタートした。衰退化が進む商店街が座して死を待つよりも、この事業の可能性に賭けるべきという思いが、ルビコン川を渡る決意をさせたのであった。

5月には、沖縄ファンクラブと沖縄県人会の総会が東京で開催されたが、同区会議員の紹介で、その会場でプレゼンするチャンスを得た。まだ具体的な計画は何もなかったものの、沖縄タウン化の基本構想と商店街の熱意を表明したところ、両会場ともに大いに沸き、来場者からの支持表明が相次いだ。当日、会場で取材していた沖縄県のマスメディアも地元でこれを報道したため、同県内でも告知が広まり、沖縄県の応援体制は予想以上に進んだ。そして先方の要請を受け、7月に商店街役員が沖縄県を訪問して説明会を開催したときは、100人以上が参加し、沖縄タウンへの関心は大いに高まった。

○沖縄タウン化事業の取組み

事業の概要

事業目的は、「テーマパーク化による広域からの集客と、地元住民の来街率向上」とし、まちづくりのコンセプトは、「都会の人が出会ったことのない発見&体験ができる街」とした。当時、杉並区には「千客万来・アクティブ商店街事業」という商店街支援施策があり、区が定めた審査を受けて承認された場合は、最高1,000万円の助成金が交付されるため、これを申請することになった。

商店街内部でも別途、資金調達をしなければならないが、会員全員から一定額を拠出してもらう方法では合意形成が難しく、実現できても長期間を要することが予測された。そこで、株式会社を設立し、有志の会員から出資を募ることにした。8名の役員が発起人となり、目標額1,000万円のうち半額を出資、残り500万円を一般会員から募集した。役員の家族も含めて30人近い会員がこれに協力し、資本金1,000万円で株式会社沖縄タウンが設立された。こうして当社の資本金と区の助成金を合わせた2,000万円が事業予算となった。

和泉明店街と株式会社沖縄タウンの２つの組織が役割分担をして事業を推進することになり、区の助成金の対象となる事業は商店街、ビジネス活動的な事業は株式会社が行う事業モデルを構築した。事業の内容は、次のとおりであった。

《商店街が行う事業》

・街並み整備事業…入口に守礼の門を模したアーチ、市場の外装を沖縄市場風に装飾、沖縄赤瓦を模したテントを全店に設置、シーサーを全店に配置

・プロモーション事業…ホームページの開設、全店沖縄風衣装で統一、広報活動の強化

・イベント事業…毎月、沖縄にちなんだイベントを開催

・沖縄物産販売事業…直営の専門店を開業するほか、既存店も沖縄物産・料理などを扱う

《株式会社が行う事業》

・テナント事業…会社が空き店舗を借り受けてリニューアルし、沖縄物産・飲食の出店希望者に賃貸する

・沖縄物産卸売事業…会社が沖縄物産を仕入れて、各商店に卸売を行う

沖縄タウンオープンまでの取組み

まず初めに、オープンを翌平成17年3月20日とし、これに合わせてスケジュールを組むことで、遅滞なく進めることを図った。当時、当商店街にあった14店の空き店舗を借り受けてテナントとすべく、役員が交渉にあたった。しかし、貸すことに抵抗を示す家主が多く、また遠方に住んでいる家主もいて交渉は難航し、オープンまでにテナントが確保できる見通しも立ちにくかった。

一方、５月以降に交流が始まった沖縄県からはさまざまな人が訪れたが、具体的に何も変わっていない商店街に失望する人も少なくなかった。しかし、商店街の人たちの温かいもてなしと熱意に感動

し、今後の支援を約束する人も多く、商店街は勇気づけられた。また、首都圏の業者からの出店希望もあり、一筋の光が見えてきた。

9月には区へ申請した事業が承認され、1,000万円の助成金交付が約束された。そして、4店の空き店舗を確保ができ、ようやく事業が進み出した。しかし、始めてみると予想以上に費用がかかり、ハード面では計画どおりのことが実現できなかった。特に、商店街の入口に守礼の門を模したアーチを作る計画は、多額の費用がかかること、道路交通法の規制に抵触することなどで断念、当初の計画よりかなり簡素化したアーチで我慢せざるを得なかった。一方、ハード面以外の計画は順調に進み、役員以外に一般会員の協力も増え、特に婦人部の活動が大きく貢献した。

平成17年3月20日、杉並区長、沖縄県副知事、沖縄ファンクラブ会長など、多数の来賓を迎えて記念式典が開催され、2日間にわたって盛大にオープニングイベントが開催された。ボランティアグループの来街者調査によると、2日間の来街者は2万人であり、商店街は人で埋めつくされた。以後、沖縄タウンの認知が広がり、広域からの来街者が多くなった。

平成16年当時

沖縄タウンオープン時

○成功のポイントと今後の課題

商店街のさらなる取組みとその効果

オープン後はほぼ毎月、沖縄にちなんだイベントを開催し、多くの来街者で賑わっている。イベントは、多数の会員が協力して一体となって行うが、婦人部の活躍は目覚ましく、また当商店街の特徴であるフレンドリーなもてなしが、多くのファンを生み出している。学生や一般住民の応援団的な活動もあり、沖縄県の各機関や業者からの応援もある。

多くのマスコミが取り上げてくれた効果も大きかった。オープンの年に初めてテレビで放映されたときは、放映終了後1時間でホームページのアクセス数が2万件に上り、電話も途切れることがなかった。一昨年の来街者調査では、休日は3割が広域からの来街者であった。

現在、商店街は大橋満明会長、株式会社沖縄タウンは片桐勇社長が主導して、他の役員とともにさまざまな取組みを行っているが、今年は当商店街のシンボルキャラクターのネーミングを公募し、「ニライくん」と「カナイちゃん」の愛称に決まった。直営物産展・いじゅんは株式会社沖縄タウンの経営であるが、婦人部が交代で運営し、商店街の核店舗として繁盛している。

沖縄タウン化事業が成功した要因

当商店街は、意欲的で行動力のある役員が10人近くいること、以前から商店街活動が活発で多くの会員が協力していたこと、婦人部が大きな戦力になっていることなど、「ヒト」が大きな強みとなっている。また、総じてフレンドリーであり、温かいもてなしが多くのファンを生み出している。沖縄関連の人たち、学生や地域の住民、行政やマスコミの担当者など、多くの人々が当商店街の応援団的な意識を持っている。このようなソフトな経営資源と沖縄タウン化というアイデアが融合したことが、成功の要因になったと考えられる。

地域とのつながりを通じた交流拠点としてのまちづくり

原園　耕路

○地域に親しまれるまち・上板南口銀座商店街

昔ながらの雰囲気を残すまち

上板南口銀座商店街は、東武東上線の上板橋駅南口から川越街道（国道254号）に至る通りと旧川越街道を中心に、約170店舗が並ぶ商店街である。大正3年に開業した上板橋駅周辺は、江戸時代に川越街道の宿場町として栄えたまちだ。駅を出て、目の前にそびえるレトロなアーチをくぐると、昔ながらの雰囲気を残すまちなみが広がる。

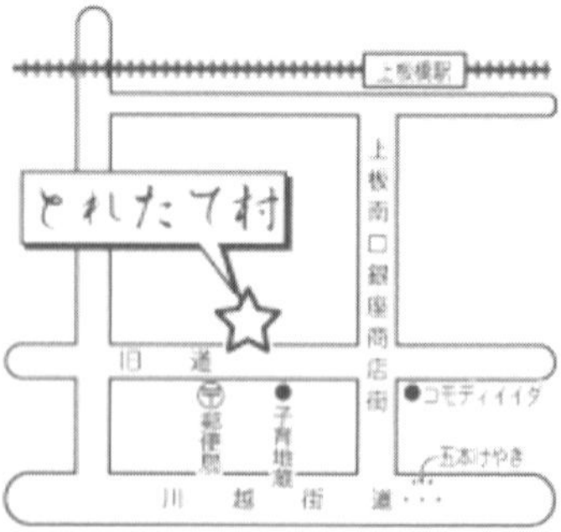

商店街の地図

上板南口銀座商店街振興組合の木田孝雄理事長によると、地域とのふれあい・交流拠点として親しまれるように、古くからのまちなみを大切にしているそうだ。理事長の思いは、「人と人とのふれあいのある、心温まる商店街であること」という基本理念にも表れている。

商店街の外観の写真

商店街を抜けて川越街道に出ると、名物の五本けやきを目にすることができる。この五本けやきは、平成4年に板橋区の活き粋いたばしまちなみ景観賞を受賞している。昭和初期、川越街道の拡幅工事の際に、当時の上板橋村村長であった飯島弥十郎氏が、屋敷林の一部のけやきを残すことを条件に土地を提供したそうである。こうして残された５本の屋敷林が、五本けやきと呼ばれるようになり、いまでは川越街道上板橋付近のランドマークとなっている。

商店街マップ

地域文化を継承してきたまち

上板南口銀座商店街は、半世紀ほども続いているという７の日縁日（４～９月の毎月７、17、27日の夜）や朝市（１月を除く毎月第１日曜日の早朝）、子育地蔵尊の七夕祭り（毎年７月７日）などの地域文化を大切に継承してきた商店街として、地元の人々に親しまれている。近年では、七夕祭りで小学生や地元住民の方に願いごとを書いてもらい、その短冊を飾りつけるなど、住民参加型のスタイルが地元でも好評を博している。

商店街の西側には、前述した子育地蔵尊があり、人々の素朴な願いを引き受ける仏様として商店街を中心に大切に守られ、お祀りされている。子育地蔵尊にちなんだイメージキャラクター・まもりん坊は、地元で古くから親しまれ、商標登録もされており、看板や名刺、ホームページに活用されている。

上板橋駅南口地区には大規模な再開発計画があり、駅前広場や高層ビルの建設などが予定されている。そのため、近年は高齢者だけでなく、ファミリー層の来街も増えており、次世代に向けて商店街のコンセプトとの整合性を図っているという。

○商店街活性化の取組み

アンテナショップを通じたまちづくり

とれたて村の外観

商店街の南西部には、全国ふる里ふれあいショップ・上板橋とれたて村がある。同じ板橋区内のハッピーロード大山商店街にある「大山とれたて村」に続く２号店として、平成18年９月15日に開設したアンテナショップである。

とれたて村は、板橋区と交流のある地方の市町村を、区民に身近に感じてもらい、四季折々の特産品、各地のイベント、ふる里の情報などを発信することで、都市と地方、生産者と消費者、人と人がさらに交流・友好を深めていくことを目的に開設したものである。商店街振興組合としては、組合員の商店街への参加意識の向上と、地域住民の憩いの場づくりを狙いとしている。

開設時は、群馬県みなかみ町、静岡県焼津市、千葉県鴨川市、東京都八丈町、山形県長井市、北海道奥尻町の計６市町が参加した。現在（平成25年１月）は、岩手県久慈市、秋田県湯沢市・仙北市、福島県本宮市、長野県駒ヶ根市、東京都八丈町、千葉県鴨川市、静岡県焼津市の８市町村が参加している。

店舗は空き店舗を利用しており、開設から３年は店舗の内装費用や家賃、イベントの開催経費などの３分の２について板橋区から補助を受けていたが、現在は補助金に頼らず、商店街による独立採算で運営している。

約65㎡の店内では、商店街の他店では購入できない、交流都市の旬な食材や特産品を販売している。みやげ物ではなく、毎日の食生活に欠かせない商品を多くとりそろえることで、日常的な買い物先として地元の人々が来店している。食品・酒などは、高くても特徴がある名産品を主体とした品揃えにしているため、商店街内の他店と顧客を奪い合うことにはならず、逆にこれまで商店街で買い物をしていなかった新たな顧客層を開拓することにつながっている。さらに、交流都市の観光パンフレット、ポスターやチラシを豊富にとりそろえており、情報の発信基地としても機能している。

板橋区内の全小中学校には、大山とれたて村とともに、年に数回、給食用（とれたて村給食）として食材を提供している。小中学校を4ブロックに分け、ブロックごとに決められた日に、各産地の新鮮な食材を、教育委員会が借り上げたトラックに積み替えて配送している。食材の生産過程を学び、食の大切さを実感することを通じて、子どもたちの食育の推進を図ろうという取組みは、東京23区でも初めてである。

地方との交流拠点としてのまちづくり

商店街と交流都市は、とれたて村にとどまらない関係を築いている。定期的に共催イベントとして物産展を開催したり、商店街行事（朝市・縁日など）での物産販売をしたりしている。とれたて村開設5周年の記念イベントでは、東日本大震災復興支援を軸に掲げ、大感謝祭として記念イベントを実施した。「ガンバレ久慈市、本宮市」をスローガンに、被災地である久慈市、本宮市などの交流都市が参加した物産市を開催している。地元の人たちには、とれたて村以外にも、こうしたイベントを通じて各交流都市に触れる機会が多く用意されている。

地元と交流都市の児童の交流にも、商店街が一役買っている。平成23年11月には、商店街が仲介役となり、秋田県仙北市立中川小学校の5年生14人が、地元の板橋区上板橋第四小学校5年生51人と一緒に給食を食べ、グループでの遊びや校内探検などを通じて交流を深めた。とれたて村の店舗を使って、中川小学校の児童たちが、「みんなニコニコ米」の販売体験も行った。みんなニコニコ米とは、児童ら自らが、田植えからパッキングまで携わったあきたこまちである。商店街内での呼び込み放送やチラシ配りなどが功を奏し、用意した約200パック（1パック＝350グラム）の米は、40分ほどで完売したという。中には、御用聞きのように注文を受けて配達する児童や、店頭で手踊りや民謡を披露する児童もいて、地元の人たちも驚かされたようである。

後日、中川小学校の児童から商店街宛てにお礼の手紙が届いており、商店街の活性化に寄与するだけでなく、交流都市とのつながりを深める活動となっている。木田理事長は、交流都市との関係を、心と心のつながりと考えており、単なる経済的機能以上の意味を持つ取組みとなっている。

地域連携型モデル商店街事業に指定

上板橋駅南口周辺地域の上板橋まもりん坊AAA（トリプルエー）プロジェクトが、平成24年6月、東京都より地域連携型モデル商店街事業に指定された。プロジェクト名のAAA(トリプルエー）は、「安心、安全、温かい」の頭文字からとられている。もともとは、幼稚園の保護者からのアイデアで始まったというところが、この商店街らしい。今後、商店街が中心となり、地域との交流拠点の整備・運営を行い、住民同士が交流できる機会を設け、子育て支援、安心・安全といった地域ニーズに応える取組みを実施する予定である。

○成功のポイントと今後の課題

リーダーシップとチームワークによる強い組織

まちづくりには、トップの強いリーダーシップと、それを支えるメンバーのチームワークが欠かせない。「理事長がとにかく良く動くんですよ」と語るのは、木田理事長を長年支える比留間邦昭副理事長だ。交流都市の1つである久慈市が東日本大震災で被災した際にも、木田理事長が中心となり、理事会メンバーで被災地入りして炊き出しをしている。このように、理事長がリーダーシップを発揮し、理事会メンバーがしっかりとサポートすることで、商店街活性化の原動力となるチームワークを生み出している。

交流都市との相互交流

商店街親睦旅行、研修会などの組合員向けのイベントが、とれたて村を開設してから変わったそうだ。かつては、慰労を目的として温泉街などへ行っていたが、とれたて村開設後は、長野県駒ヶ根市への商店街親睦旅行、みなかみ町でのりんご狩りなど、交流都市へ行くようになっている。八丈島フリージア祭りなどの交流都市のイベントにも、積極的に参加している。

ただし、交流都市との関係性の維持には課題も残る。交流都市の事業者が、補助金の終了後も継続的に参加できる仕組みが確立されていない点だ。今後は、行政・事業者・商店街の連携による受け入れ態勢の整備が重要となる。

おもてなしの心

とれたて村のスタッフ２名は、商品の詳しい知識で接客をするだけでなく、商品を使った料理の作り方を紹介するなど、来店者へのおもてなしを重要視している。商店街の理事会メンバーも空いた時間に訪れ、無償で運営に参加している。これも、理事会メンバーがおもてなしを重視していることの表れだ。このおもてなしの心が、つながりを大事する上板南口銀座商店街の土台になっているのだろう。

「一生づきあいします」を旗印に 地域貢献・産地交流に挑戦する商店街

石川　政和

○「一生づきあいします」が旗印 進取の精神で地域に貢献する元気な商店街

都内屈指のアーケードを持つ近隣型商店街

ハッピーロード大山商店街は、東武東上線で池袋から３つ目の大山駅の駅前から川越街道まで連なる商店街である。全長560mの開閉式アーケードを持ち、店舗数は約210、歩行者天国が毎日13～21時まで実施される。半径１㎞ほどの商圏だが、１日の来街者は３万人を超え、ここ５年間でも漸増傾向にある。

賑わうハッピーロード大山商店街

江戸時代からの旧川越街道沿いに発展したまち

道がくねくねと曲がっているのは、ここが旧川越街道に沿って発展したためである。戦前から商店が点在したが、戦後になって駅前に闇市が並び、その後、東上線の成増以遠からも電車で買い物に来るほど活気ある商店街に変貌した。池袋にサンシャインシティができるなど、消費構造変化の兆しが危機感を生み、昭和52年に２つだった商店街組織が合併してハッピーロード大山商店街が誕生、翌年にアーケードを完成させて現在の形になった。

とれたて村（大山）を核に広がる交流と賑わい

活気の源の１つは、平成17年に開店した商店街運営のアンテナショップ・とれたて村（大山）の存在である。単なる物販だけではなく、ここを拠点に産地との交流が進み、地元でも地域住民の輪が広がるなど、波及効果は大きい。震災後は特にその傾向が顕著で、イベントも含めた相乗効果で、賑わいと集客増につながっている。

震災復興で経済産業大臣より表彰される

震災直後の東京で水のペットボトルが不足した際、板橋区の要請で、とれたて村を通じて契約市町村に呼びかけた。すると、山形県最上町と福井県大野市から計２万５千本のボトルを無償で緊急輸送いただき、区内の乳幼児のいる家庭に配布できた。商店街がとれたて村を通じて培ってきた、産地との信頼関係の賜物である。石巻市の泥土に埋もれた鯖缶詰の販売協力なども含め、震災復興に貢献したとして、経済産業大臣からも表彰された。

ハッピーロード大山商店街マップ

○活性化に向けた主な取組み

これまで当商店街では、数々の事業で常に時代を切り拓いてきた。ここではとれたて村をはじめ、比較的新しい取組みを中心にご紹介する。

全国ふる里ふれあいショップ・とれたて村（大山）の事業

① 誕生のきっかけと目的

とれたて村のヒントは百貨店の物産展で、商店街で常設化できないかと板橋区に相談したのがきっかけだ。区からは交流のある市町村を紹介いただき、平成17年10月に空き店舗を利用して開店した。小原貢久前理事長以下、事業顧問も含めた推進体制で実現した。

とれたて村（大山）

目的は、農山漁村と商店街双方の活性化を目指し、産地産品の販売、イベント開催、産地訪問などを通じて交流を深めること。地方の魅力で集客を図りたい商店街、販路拡大や観光誘致をしたい地方、交流を促進したい区の３者のニーズを結んだ考え方である。

② 事業内容と売上状況

振興組合の事業部組織の運営で、賃借した店舗（18坪）を利用して、店長以下６名（全員パート）を雇用している。営業は10～19時で、年中無休。自治体との契約になり、現在は15市町村が参加し、会費は月額４万2,000円である。品揃えは、日々の生活に必要な野菜、惣菜、米、調味料、菓子、酒類など約1,000アイテムを扱い、土産物や工芸品は置かない。ふるさと感があり、顔の見える商品を販売している。小パック商品を多くそろえ、玄米は１kgからその場で精米する。発注は週に２～３回、FAXで行い、宅急便で直接納品される。POSレジの単品データを各市町村にフィードバックし、商品の改廃などに活かす。全品買い取り契約で、運送料はとれたて村が全額支払うため、生産者はリスクなしで、特徴ある産品を安心して出荷できる仕組みだ。

平成22年には、念願の会員組織・とれたて村村民会員を立ち上げ、会員数は現在、1,000名を超えた。DM「とれたて村通信」を年に数回発行し、今後は会員同士の交流の機会なども計画している。

店舗売上は順調で、開店当初の1.6倍、年商は5,000万円を超えている。これは、野菜などの生鮮を強化したことと、震災以降は特に、商品への安心感から固定客が増加したことが要因である。

③ ふるさとイベント、産地訪問ツアーなどで広がる交流

ふるさとイベントは、平成23年は契約市町村以外も含め、年間約180日開催した。産地から農家の方も販売応援に来てくれて、会場のハッピースクエアではお客様との会話が弾む姿も見られた。震災後に近くの空地で開催した「食べて応援しよう、大山ふるさと夏祭り」には、14市町村が2日間、出店参加し、6,000名もの来客があった。

商店街運営のハッピースクエア

産地訪問ツアーは、最近では平成24年春に熊本県八代市、北海道岩見沢市、秋田県北秋田市、山形県最上町への4つのツアー（各1泊2日）を企画募集し、計約40名が参加した。お客様は山菜採りや郷土料理づくり、現地の運動会への飛び入り出場などを楽しんだ。筆者も商店街添乗員として北秋田市を訪問し、心の込もったおもてなしを受けた。市長からもご挨拶をいただき、翌朝の地元有力紙に取材記事が出るなど、通常ではできない体験で、お客様に感激された。

④ 修学旅行生の販売体験を受け入れ

年に数回、地方の修学旅行生を受け入れ、商店街で販売体験をしてもらっている。生徒たちは、地元の産品が都会のお客様に喜ばれるのを実感し、生まれた町を改めて誇りに思い、自信を持つようになる子が多いとのことで、先生方からも好評である。

⑤ とれたて村を通じ、学校給食食材を供給

板橋区の食育事業に協力し、3年前から区内全小・中学校の76校、3万人余の生徒に給食用食材を供給している。年に4～5回、新鮮なアスパラや椎茸などの野菜類を契約市町村から納品し、給食時には生徒に商品や産地、供給ルートなどが説明される。

⑥ 成果

当初に想定した以上の成果が出ている。商店街では、イベントとの相乗効果で集客増につながり、楽しさや新たな魅力が得られた。参加市町村では、お客様の声やPOSデータから商品ニーズ把握が可能となり、店頭応援や産地訪問で相互交流が進んだ。板橋区では、食育事業のほか、交流市町村との関係が一層深まっている。なお、とれたて村の展開が商店街と産地の交流・活性化に貢献しているとして、農水省、国交省、経産省などより賞を受けている。

地域貢献活動の一環として、地域活動サロンを設置

平成23年暮れから、新設のハッピースクエアで、地域活動サロンをスタートさせた。板橋区社会福祉協議会と連携し、月に6日間固定のプログラムで、子育て支援や、障害者自立支援としての食品や雑貨などの販売に協力している。

環境への取組み

商店街は、平成22年にいち早く、アーケード照明をLEDに切り替えた。効果は絶大で、電気料金は8割減となった。さらに、その余ったCO_2の排出量取引（国内クレジット制度）を実施し、各方面の注目を集めた。また、アーケード天井に吊るす大型広告横断幕は、使用後に廃棄していたが、平成24年には環境部長の発案で再利用し、エコバッグに変身させて売り出している。

安全・安心への取組み

商店街内の接触事故など、自転車マナー問題は長年の課題だったが、平成23年より板橋区と組んで、自転車を押して歩く運動を展開している。シルバー人材のプラカード隊が連日呼びかけを続け、女性部も定期巡回を行い、お客様から好評である。また、歩行者や緊急車両の妨げになる商品のはみ出し問題は、平成23年暮れに都内の先例を参考に自主規制マナーラインを実験中で、はみ出しはほぼ解消され、お客様に大変喜ばれている。

○成功のポイントと今後の課題

成功のポイント

① 強いリーダーシップの下、組織力で活性化に取り組んでいること

三ッ井修理事長以下理事は15名で、30～60代までと幅広い。自分たちだけでは限界があるとして、早くから専門家を顧問にするなど、積極的に外部人材を活用している。女性部、青年部も活発で、宣伝やイベントなどの実務を担っている。

② 地域貢献活動への新たな挑戦を続けていること

とれたて村の活動が順調なことから、さらに地域活動サロンで地域貢献への取組みも始まった。また、情報ボード（自営TV放送）も大幅に刷新して、ユーストリーム配信も実施し、とれたて村ではツイッターで若い世代へのアプローチも開始している。

今後の課題

とは言え、課題は山積だ。青年部が活発だが、後継者難はぬぐえない。テナント率は60％を超え、業種が偏って魅力が減少し、商圏縮小も危惧されている。シニア世代はともかく、若い世代に対応できているとは言いがたい。集客が個店の売上に結びつかないという組合員も多く、マーケットとのズレも大きな課題だ。このままでは、早晩衰退するという危機意識も強い。

現在、大山地区では、計画都道も含めた今後のまちづくりに向け、討議が始まっている。オーナー会（店舗所有者の会）も発足させた。商店街が、地域の皆様にとって常に必要な存在であり続けることを念頭に課題に取り組むことが、今後の発展に向けた重要なポイントになろう。

執　筆

石川《いしかわ》　政和《まさかず》

【中小企業診断士、ハッピーロード大山商店街振興組合理事、（株）イシカワコーポレーション代表取締役】

東京都板橋区在住

岩本《いわもと》　仁志《ひとし》

【中小企業診断士、気象予報士】

埼玉県草加市在住／ weihenstephan_seit1040@yahoo.co.jp

大江《おおえ》　隆夫《たかお》

【中小企業診断士】

東京都台東区在住／ ooe@yahoo.co.jp

小澤《おざわ》　栄一《えいいち》

【中小企業診断士、一級販売士、ハーマンモデル・ファシリテーター】

埼玉県さいたま市在住／ eichan@cl.cilas.net

小山田《おやまだ》　哲治《てつじ》

【中小企業診断士、経済産業大臣認定経営革新等支援機関事業再生士補】

東京都多摩市在住／ oyamada@ceres.ocn.ne.jp

金綱《かなつな》　潤《じゅん》

【中小企業診断士、（株）全国商店街支援C支援パートナー、J,s ディレクションズ経営研究所代表】

神奈川県横浜市在住／ j31_consulting@ybb.ne.jp

後閑《ごかん》　和子《かずこ》

【中小企業診断士、一級販売士、キャリアコンサルタント、THE NEXT 代表】

東京都世田谷区在住／ todo@jb4.so-net.ne.jp

相楽《さがら》　守《まもる》

【中小企業診断士、一級販売士、さがらコンサルタントオフィス代表】

東京都世田谷区在住／ mamorusagara@mve.biglobe.ne.jp

執筆・編集者一覧（50音順）

鈴木《すずき》　隆男《たかお》
【中小企業診断士、商業施設士、商店街研究会副会長】
東京都江東区在住／ ta.suzuki@h7.dion.ne.jp

鈴木《すずき》　恒雄《のぶお》
【中小企業診断士、(株) タスクフォース代表取締役】
東京都国分寺市在住／ nobu_suzuki@nifty.ne.jp

No Photo

高岡《たかおか》　淳平《じゅんぺい》
【中小企業診断士、証券アナリスト、豊島区立池袋小学校第２代 PTA 会長】
東京都豊島区在住

田川《たがわ》　幸平《こうへい》
【中小企業診断士、一級販売士、(有) アテナ・コンサルティング代表取締役】
東京都世田谷区在住／ k-tagawa@mvg.biglobe.ne.jp

鉄尾《てつお》　佳司《よしじ》
【中小企業診断士、証券アナリスト】
東京都目黒区在住／ int0970@c08.itscom.net

中津留《なかつる》　準《ひとし》
【中小企業診断士、一級販売士、富士ビジネス・コンサルティング】
東京都練馬区在住／ nakaturu@mbe.nifty.com

原﨑《はらさき》　崇《たかし》
【中小企業診断士】
神奈川県横浜市在住／ thrsk.umgok@gmail.com

原園《はらぞの》　耕路《こうじ》
【中小企業診断士、事業再生士補】
東京都西東京市在住／ koji.harazono@jcom.home.ne.jp

福原《ふくはら》　克美《かつみ》
【中小企業診断士、Ｐマーク審査員、ハッピー・フィールド・コンサルティング代表】
東京都西東京市在住／ hf-cslt298r@bmail.plala.or.jp

松﨑《まつざき》　香澄《かすみ》

【中小企業診断士、一級販売士、オフィスマツザキ代表】

千葉県柏市在住／ vza01572@nifty.com

松原《まつばら》　憲之《のりゆき》

【中小企業診断士、フード＆ビバレッジビジネス研究所代表】

東京都世田谷区在住／ noriyuki.kyoudou@sirius.ocn.ne.jp

村上《むらかみ》　章《あきら》

【中小企業診断士、台東区中小企業診断士会会長】

東京都台東区在住／ a.mura702@nifty.com

山下《やました》　哲《あきら》

【中小企業診断士、税理士】

東京都渋谷区在住／ akr.yamashita@gmail.com

執　筆　・　編　集

石井《いしい》　秀明《ひであき》

【中小企業診断士、日本生産性本部認定経営コンサルタント、アイプランニング代表】

神奈川県川崎市在住／ ishii_iplanning@vivid.ocn.ne.jp

板橋《いたばし》　春太郎《しゅんたろう》

【中小企業診断士、一級販売士、商業施設士】

埼玉県志木市区在住／ julius519@outlook.com

川居《かわい》　宗則《むねのり》

【中小企業診断士、一級販売士、認定事業再生士】

東京都世田谷区在住／ river.assp@gmail.com

廣部《ひろべ》　光紀《みつのり》

【中小企業診断士、一級建築士、商業施設士】

神奈川県横浜市在住／ hirobe.mitsunori@gmail.com

山中《やまなか　**令士《れいじ》**

【中小企業診断士、証券アナリスト、商店街研究会副会長】

東京都小金井市在住／ reijiyamanaka@gmail.com

編　集

河合《かわい》　**陽子《ようこ》**

【中小企業診断士、通訳案内士（英語）】

千葉県市川市在住／ kawai405@hotmail.com

小林《こばやし》　**伸行《のぶゆき》**

【中小企業診断士、一級販売士 、ビジネス著作権上級、
ノブ・コンサルティング・オフィス代表】

東京都目黒区在住／ DQI00333@nifty.com

柳田《やなぎだ》　**譲《ゆずる》**

【中小企業診断士、柳田コンサルティング事務所代表】

東京都新宿区在住／ y-yanagida@beach.ocn.ne.jp

商店街研究会
10周年記念出版完成の御礼

私たち東京都中小企業診断士協会認定商店街研究会の創立10周年を記念した出版企画。構想から1年を経て、ようやく本書出版の運びとなりました。これもひとえに、この間、辛抱強く貴重なアドバイスをいただいた株式会社同友館の楢崎様をはじめ、ご担当者様のご尽力の賜物と厚く感謝申し上げます。

当研究会は、10年前に商店街の活性化という共通の目標をもつ中小企業診断士の仲間が集まってスタートし、現在に至るまで数十名の会員がその設立の精神を受け継いで研鑽、活動しております。毎月の例会では、東京都下、近郊の元気な商店街を訪ね、商店街の役員の皆様から取組み事例やさまざまな工夫、体験をお聞かせいただいたり、斯界の第一人者の方々から研究成果や事例を座学で学んだりしてまいりました。

このたび、活動の集大成として本書を発刊できましたのは、この間、私たち研究会の訪問を快く受け入れていただき、ご多忙にもかかわらず、貴重なお時間を割いて、商店街の生い立ちから現在までの歴史、取組み事例や失敗談、工夫の数々を教えていただいた各商店街の会長、理事長をはじめ、関係者の皆様のご協力の賜物であり、ここに重ねて感謝申し上げる次第です。

特に、本書の目玉である座談会「地域の“絆づくり”に頑張る商店街　25事例から今後の活路を探る」にご参加いただいた東京都商店街振興組合連合会理事長・桑島俊彦様には、長年の豊富な経験と熱い情熱に裏づけされた商店街活性化への貴重なご意見、アドバイスを多数賜りました。ご協力、誠にありがとうございました。

最後に、この10年間、商店街研究会の創立メンバーとして会を牽引いただいた前会長の柳田譲先生、前副会長の相楽守先生の献身的なご尽力に、この場を借りて厚く感謝申し上げます。また、両先生には執筆・編集へのご参加、また貴重なアドバイスやご協力もいただきましたこと、重ねて御礼申し上げます。

こうした皆様の温かいご支援の賜物として、本書出版という事業を無事成し遂げることができましたが、メンバー一同、これを1つの通過点として、初心を忘れることなく、新たな気持ちで次の10年間を、商店街活性化という使命達成に向けて歩んでまいりたいと存じます。皆様の倍旧のご支援を、どうか引き続きよろしくお願い申し上げます。

平成25年3月　良き日に

執筆者・編集者を代表して

商店街研究会副会長　山中　令士

TOKYO キラリと光る商店街

2013年3月27日　初版第一刷発行

編著者――商店街研究会
発行者――脇坂康弘
発行所――株式会社　同友館
〒113-0033
東京都文京区本郷3-38-1
TEL 03-3813-3966
FAX 03-3818-2774
http://www.doyukan.co.jp/

装　丁――菊池　祐（ライラック）
本文デザイン――ライラック
印　刷――萩原印刷
製本所――松村製本所

©2013, Printed in Japan　ISBN978-4-496-04918-7